同一命题，不同视角

直面冲击

中国经济学家建言

主编◎刘 伟

中国人民大学出版社

·北 京·

新冠肺炎疫情对中国乃至世界经济的影响不言而喻。在这不确定的时代，影响经济社会发展的即使没有新冠肺炎疫情，也会有其他各种各样的"黑天鹅"。全球经济规模和产业分工，达到了前所未有的程度。全球经济秩序亟须重塑，面临的挑战前所未有。而中国经济规模已列世界第二，人均GDP超过1万美元，中国经济参与全球分工的规模和深度远超想象，中国企业在全球产业链艰难攀登，内外部压力加剧，各种冲突在所难免。

这是空前尖锐的挑战。经济学，乃经世济民之学。中国经济学者，具有深切的忧患意识，要将论文写在祖国的大地上，将学术刻在祖国的历史里。面对新冠肺炎疫情的防控，我们组织了60余位来自全国不同高校、科研院所、企业的经济学家，从各自的专长领域出发，面对疫情形成的挑战，立足国家发展战略和大局，结合中国国内和国际环境的变化，为中国经济2020，乃至国家的"十四五"建言献策。

60位经济学家的文章分为四篇：战略谋划篇、运行调控篇、数字经济篇、全球分工篇。战略谋划篇突出对整个国家战略、国家治理、中国经济社会形势的分析、判断和政策建议；运行调控篇强调具体产业的发展和具体政策的实施，比如制造业、民生产业、医疗卫生产业、服务业的高质量发展，以及财政政策、货币金融政策等调控政策的具体建议；数字经济篇反映了信息技术和制造技术融合发展，数字经济和数字技术的最新发展，以及整个经济社会的数字化转型；全球分工篇立足全球产业价值链，深度思考在全球产业分工中，中国经济的地位、定位及发展策略。

同一命题，不同视角。各个专家思想的碰撞，希望能对中国经济问题的学习和研究、中国经济政策的制定有所帮助。由于时间比较仓促，其中观点和建议的疏漏在所难免，敬请读者批评指正。

刘　伟

战略谋划篇

运行调控篇

数字经济篇

全球分工篇

战略谋划篇

坚决打赢防疫战，
全面实现经济社会发展目标

刘 伟

教授、博士生导师，中国人民大学党委副书记、校长。兼任国务院学位委员会委员，教育部高等学校经济学类专业教学指导委员会主任委员。中国人民政治协商会议第十三届全国委员会常务委员，中国人民政协理论研究会第三届理事会副会长。主要学术研究领域：政治经济学中的社会主义经济理论，制度经济学中的转轨经济理论，发展经济学中的产业结构演变理论，以及经济增长和企业产权等。

一、新冠肺炎疫情对中国宏观经济的影响

疫情对我国和全球经济造成巨大影响。自疫情爆发以来，世界主要国际机构、各国政府与金融机构都在不断调整疫情下经济增长的预期，而且存在较大分歧。2020 年第一季度宏观经济运行情况，不仅对我国下一步制定经济政策有重要的参考价值，也对全球具有重要借鉴意义。

要正视疫情对经济增长造成的影响。受疫情影响，我国2020年第一季度GDP同比下降6.8%，这是自改革开放以来最低的季度增幅。其中第二产业和第三产业受到较大影响，分别下降9.6%和5.2%，第三产业的下降幅度低于第二产业。从总需求来看，消费品零售总额和固定资产投资分别下降19%和16.1%。这表明疫情对我国经济的供给和需求都造成了较大影响。

应该看到，疫情的影响是世界性的，对各国经济都造成了沉重打击。由于我国政府对疫情高度重视，在爆发初期就采取了坚决果断的防控措施，无论是疫情爆发程度还是对经济增长的影响，在全球都是相对较低的。从国际货币基金组织（IMF）公布的最新经济预测来看，2020年全球经济将下降3%，其中发达经济体下降幅度将达到6.1%，美国下降5.9%、欧盟下降7.1%；新兴市场和发展中经济体将下降1%；对我国的预测是增长1.2%。同时，IMF预测2021年我国经济将增长9.2%。不管IMF预测的精确度如何，可以发现，国际社会对疫情对我国经济冲击相对较小是有基本共识的。疫情结束之后，我国经济也将率先复苏。

就业等民生问题是在抗击疫情中需要特别关注的问题。2020年3月份，我国城镇调查失业率为5.9%，比2月份下降了0.3个百分点。应该注意到，这个数据并不包含农村就业人口和农民工，全社会面临的就业形势可能更加严峻。随着国外疫情的加剧，我国正面临着全球经济衰退所产生的影响，就业压力还可能持续一段时间。解决就业等民生问题是维护经济稳定的重点，也是我们需要特别关注的地方。

预计 2020 年总供给的自然增速为 0.36%，总需求的自然增速为 2.1% ～ 3.5%。由于两者的增速都是正的，所以供求两方面都是促进经济增长的；但 GDP 的自然增速取决于总需求曲线和总供给曲线的弹性。如果两者的弹性均不为 0，那么 GDP 的自然增速最低为总供给的自然增速 0.36%，最高为总供给自然增速与总需求自然增速之和，即 2.46% ～ 3.86%。

疫情会从两方面影响 2020 年全国 CPI 的自然走势：（1）疫情导致食品供给扰动，特别是打断了猪肉扩产周期，CPI 将显著上升；（2）疫情结束后，由于消费餐饮需求后置，CPI 将继续上扬。预计疫情后，2020 年 CPI 的自然上涨率为 5.6% 左右。

要实现原来预定的经济社会发展目标任务要求，2020 年的经济增长目标要尽可能稳定在 5.5% ～ 6.0% 之间。但是，按照测算，2020 年中国经济的自然增速最高只有 2.46% ～ 3.86%，所以，要实现原来预定的 6% 左右的增速，需要采取的扩张性政策力度会非常大，同时也要调整 2020 年经济增速目标的波动区间，合理确定稳增长必保的下限和力争的上限。原定增速目标为 6.0%，已不现实，应当适度调整经济增速区间，以稳就业为首要，加大"六稳"力度，力争实现"六保"目标，采取"底线管理"。CPI 上涨率政策目标应该是 5.0% 以下。鉴于 2020 年的经济形势，CPI 自然上涨率（没有政策作用下的）为 5.6% 左右，继续维持 3.0% 以下的 CPI 上涨率已经不太现实。

二、新冠肺炎疫情不会改变中国经济长期向好的趋势

虽然新冠肺炎疫情给中国经济运行带来了较大的短期影响，但疫情冲击本质上是外生的、暂时性的，不会改变中国经济长期向好的趋势。

1. 疫情不会改变影响国家中长期发展趋势和生产能力的主要决定因素

一是资本存量不会因为疫情而消失，资本积累速度更不会因为短期的疫情冲击而发生根本性变化。

二是劳动力及其人力资本积累。这次疫情造成的死亡数据确实令人痛心，但已将死亡率控制在较低水平，因此疫情对劳动力市场及人力资源积累的影响是短暂的。

三是技术进步以及资源配置效率的改进。从历史上看，人类技术进步从未因疫情而中断或弱化，反而会刺激人们更加重视技术创新，投入更多公共卫生和城市基础建设。通过这次疫情大考，更加精准地补短板、堵漏洞、强弱项，更大力度地进行制度改革和体制创新，提高资源配置效率，培育壮大新的经济增长点，这在很大程度上能够化"危"为"机"，提升经济潜在增长率，加快迈向高质量发展的轨道。

2. 中国经济具有强大的韧性和巨大的发展潜力，疫情过后消费和投资需求有望实现明显回补

一是超大规模的市场优势，将持续释放强大需求拉动力。2019 年中国 GDP 达到近 100 万亿元，人均 GDP 突破 1 万美

元，常住人口城镇化率突破 60%，城镇人口达到 8.5 亿，居民恩格尔系数降至 28.2%。需求总量快速扩大，消费结构持续升级，社会消费品零售总额 2019 年已超过 41 万亿元，成为超过美国的世界第一大国内消费品市场。同时，未来 30 年中国至少还有 30% 的人口即约 4.2 亿人将要实现城镇化，平均每年新增城镇人口约 1 400 万。中国不仅是"世界工厂"，也是"世界市场"，未来更有可能发展成为"世界创新中心"，不断成长和升级的国内需求是中国经济抵御疫情冲击的有力保障。

二是以创新研发为基础的日益成熟的产业体系，持续打造经济核心竞争力。

三是以要素市场化为基础的改革开放，将持续激发市场活力和增长潜能。目前，我国在要素市场化方面还存在很多改善空间，通过大力推进市场化改革和扩大对外开放，完善市场化、法治化、便利化的营商环境，有望持续提高资源配置效率和全要素生产率。

四是进入新常态以来，经济发展新动能持续提升，新动能指数（包括网络经济指数、经济活力指数、创新驱动指数、知识能力指数、转型升级指数等五类）逐年提高，2015—2017 年逐年分别上升 23.5%，26.9%，34.1%。①

3.日益成熟的宏观调控体系和充足的宏观政策空间，能够有力地抵御疫情短期冲击

改革开放以来，通过不断创新和完善宏观调控体系，中

---

① 国家统计局统计科学研究所。

国调控目标更加注重结构调整和经济效率，调控工具更加多元，调控经验更加丰富，调控力度和调控方向更加精准。目前，总体较低的政府负债率为更好地稳定就业、改善民生及扩大基建支出预留了财政政策空间，温和的核心 CPI 涨幅、PPI 跌幅和"全球降息潮"为稳健货币政策创造了有利的内外部空间。因此，可以加大宏观政策调节力度，提高其逆周期调节的作用，以有效对冲疫情影响。一方面，使积极的财政政策更加积极有为，特别是落实并进一步提高减税降费政策力度；另一方面，稳健的货币政策要更加注重灵活适度，特别是支持实体经济恢复和发展。保障经济运行处于合理区间，防止短期冲击演变成趋势性变化。[①] 通过加强宏观政策的逆周期调节功能，中国完全有能力应对各种风险挑战，保持全年经济的平稳运行。

---

① 习近平.在统筹推进新冠肺炎疫情防控和经济社会发展工作部署会议上的讲话.人民日报，2020-02-24.

中国发展理念的转型与构建

徐佳宾

中国人民大学产业经济教授、博士生导师。国家制造强国建设战略咨询委员会首批委员，中国国际贸易促进委员会专家委员会首批委员，中国工业经济管理智库首批专家委员。主要研究方向：产业结构，产业创新与全球产业链。曾参加《工业转型升级规划》《中国制造2025》等国家制造强国战略规划的研究制定。

2020年注定是中国经济社会发展的不平凡之年。2019年中国人均收入超过1万美元，经济增长正式迈入中高收入阶段。这次爆发的新冠肺炎疫情，正是对中国经济社会发展的一次检验。疫情的爆发，是中国经济社会发展进入特定发展转折期，偶然因素和必然因素综合作用的结果。

从偶然因素看，表象为在特定的时间空间，有的人为了口舌之快而品尝野味，实际上是对自然生态规律的大不敬。敬畏自然，万物共生，是人类应该尊崇的信仰。人类的社会经济活动存在于自然生态系统中，社会经济活动必须遵循自然生态的和谐共生规律。

从必然因素看，中国人均收入迈入中高收入阶段以后，原有经济增长方式已不适应新的发展阶段。自然生态系统已经无法承受原有增长方式带来的对自然资源的过度消耗和生态环境的严重污染。摒弃原有增长方式，形成新型增长方式，成为经济发展的应有之义。

经济发展，不仅是经济规模的扩大、经济结构的优化，而且是整体素质的普遍提升、福利水平的普遍获得。因而，经济发展不仅是为了提升人类经济活动的水平，而且是为了提升人类经济—社会—生态的整体和谐水平。因此，这次疫情是对我国进入新的发展阶段的一次检验。

一是发展理念的检验。发展是为了人民，让人民普遍福祉水平得到提升；发展是全面的发展，是经济、社会、生态等各方面的发展；发展是普遍的发展，是全体人民经济水平、社会素养、生态意识、文化教养的普遍提升。因此，发展不仅是经济的发展，而且是社会的发展、生态的发展、文化的发展。作为后发国家，在发展的较低阶段更为关注经济发展水平，关注人民的基本需求，在进入发展的更高阶段，应更关注经济、社会、生态等发展水平的和谐，更好地满足人民对发展的需求。坚持为了人民发展的新理念，识别发展短板，挖掘发展潜力。

二是治理能力的检验。国家治理能力是运用国家制度管理社会各方面事务的综合能力，包括经济、社会、文化、生态等各领域体制机制的制度安排。国家治理能力的水平，体现在能否不断地将中国特色的制度优势转换为国家治理效能。当前，我国正处在全球产业变革和科技革命的交汇机遇期，准确识变、科学应变、主动求变，是对我国治理能力能否正确应对发展中挑战的考验。凡是抓住这次机遇的地方政府，都能熟练地运用产业变革和科技革命的交汇产生的新技术、新业态、新模式的成果，运用大数据、人工智能、云计算等数字技术，提升在疫情监测、信息分享、防控救治、物资调配、公众沟通、舆论引导等方面政府治理的应对能力。

三是经济体系的检验。目前，我国经济发展方式处在转变过程之中，制造技术和信息数字技术正在加速融合，表现为经济活动中实体经济和数字经济的融合发展。制造技术和信息数字技术的融合，会提升整个经济体系的产业链运行的弹性。这次疫情是对实体经济与数字经济的融合程度进行的一次检验，不仅检验了实体经济与数字经济融合的规模，而且检验了实体经济与数字经济融合的质量。通常数字经济和实体经济融合程度越高，则经济体系应对外部需求冲击的弹性就越强。国民经济体系的产业链弹性，体现在面对外部突发的重大需求冲击时，国民经济体系内的产业链能在短时间内形成相应产业的供给能力，从而有效应对相关产业需求的大幅提升，反映了整个国家工业化和信息化融合的水平。这种信息数字技术和制造技术融合形成的产业链弹性，体现为产业链各个环节的整合对突发需求、产能调度、供求对接的响应能力。这次疫情为我国检验经济体系的数字化水平提供了窗口，也为整个国民经济体系提升产业链运行弹性提供了机遇。

四是产业基础的检验。一国产业基础能力是否雄厚，直接体现在该国生活和生产物资的保障程度上。我国产业体系独立完整，产能巨大，门类齐全，但只有面对外部冲击后有效释放产能，才能显现出产业基础能力的韧性。我国产业基础能力处在产业链的中低端，是和满足基本的生活与生产物资的需求相适应的。这种保障基本物质资料资源充足的能力，能够有效化解外部冲击对正常经济活动造成的影响。制造业作为我国产业基础的重要的实体部分，决定了生产资料和生活资料释放有效产能的水平，因而，中国独立完整、紧密关联的现代化工业体系，造就了中国具有相当韧性的协同生产制造能力。中国的制造业链条变得如此有韧性，主要是依靠产业之间的整合能力。这次疫情防控中医疗物资供应保障的缺口很快得到弥补，很大程度上得益于制造业柔性化的响应能力。

五是全球分工的考验。中国经济的发展，很大程度上得益于参与全球经济。目前全球产业分工是通过全球人员和货物的自由流动实现全球经济的有效运行。全球化产品制造的最有效方式，是利用横跨全球的产业链寻找廉价的劳动和资金。然而，新冠肺炎会限制人员和货物的自由流动，限制要素和产品在全球流动。目前全球化方式，是以加速全球人员和货物规模化流动，通过全球网络优势分工节约物流成本，实现全球产业端到端的分工目的的；而疫情对全球化造成的影响是，阻隔人员和货物接触的频率和接触的范围，通过形成以区域为中心的产业分工来节约物流成本，形成分布式的全球分工体系。中国是目前全球产业分工网络的重要节点，而疫情引发新的分工方式正考验着中国在亚太地区产业分工中的领导地位。

这次疫情是对我国经济发展的一次重要考验。我认为应该加强以下方面的认识：

（1）充分发挥我国的制度优势。这种优势体现在能灵活地发挥政府作用和市场作用。对于事关经济安全和国防安全的产业领域，由国家领衔实施"突破工程"；关键共性技术领域，发挥政府和市场相结合优势，实施由点及面的"链式工程"；面广量大的细分产业领域，应该发挥市场机制的优势，实施"专精特优"工程，从而形成既有弹性又有韧性的现代化产业体系。

（2）在全社会形成制造立国的理念。这次疫情充分显示，制造业是国民经济的基础，是技术创新的源泉。我国制造业绝大多数是传统产业，纺织、家电更是在全球处于领先水平。要以智能制造为主攻方向，加强传统制造业的技术改造。通过制造业和信息业的融合，重塑传统制造业的技术体系和生产模式。制造业在国民经济中的份额保持在25%以上，整个国民经济体系的产业链条才能安全可靠。

（3）培育数字经济成为新型的经济形态。这次疫情充分反映了数字技术在公共卫生领域中发挥的早期预警、在线诊断、资源调度、物资配送、方案优化等作用，数字经济将持续深度渗透融合到经济社会所有领域。作为数字经济的重要基础设施，云计算数据中心建设将成为投资重点。产业数字化、生活智慧化、治理精准化进入新阶段，产业互联网将成为数字化升级的重要发展方向。智慧城市、政务服务、社区管理的大规模数字化改造，将形成"数据＋应用＋平台"的完整生态。社交平台与电商平台加快相互渗透，线上品牌营销成为重要的交易方式。在线的专家资源与泛在的连接能力，保证了在线教育培训的内容质量和高效传播。数字技术可以提高生产与运营的柔性，帮助企业更高效地应对需求变动的趋势。

（4）加强全球产业链的协同。中国的产业在全球产业链上处于重要的节点，为全球产业链运转提供大量中间产品。疫情冲击导致中国企业在产业链的某些环节停摆，则会导致上下游部分企业无法正常运转。制造业产业链呈现全球化产业分工，同时与当地的配套产业相互关联。中国应注重全球产业链生态系统的建立，加强与供应商、渠道和客户的伙伴关系。加强区域之间上下游环节的产销对接，推动产业链上下游环节产能协调。加强各国产能供需信息的沟通与合作，推动建立疫情防控下的产业链产能协调多边合作体系。

（5）造就中国高端的产业分析专家。分析、研判全球和国家的重大政治经济走势，必须要有战略眼光和深厚的底蕴，立足本国、放眼全球，进行大势和大道的判断。这些产业学家，要深谙产业变革之势、技术进步之力、社会变革之道，既洞察细枝末节又摒弃细枝末节，突破现实的条框限制，用全球和全局的眼光，客观研判全局走势和面临的风险，他们不是智库胜过智库，为国家和民族谋未来。

新冠肺炎疫情的挑战

余永定

中国社会科学院学部委员，国家发展和改革委员会国家规划顾问委员会委员。曾任中国社会科学院世界经济与政治研究所所长，中国世界经济学会会长，外交部外交政策咨询委员会委员，中国人民银行货币政策委员会委员。主要研究领域：国际金融，中国经济增长和宏观经济稳定问题。

经过全国人民的努力，特别是医护人员的奋斗与牺牲，中国的疫前已经基本得到控制，全国的经济活动正在逐步恢复正常。似乎可以说恢复生产已经成为矛盾的主要方面。尽管如此，为不使疫情出现反弹，我们依然不能有丝毫懈怠。

第一，目前我们在疫情控制方面的最主要威胁是新冠肺炎的外部输入。世界范围内的疫情正在急剧恶化，许多国家的疫情有失控的危险。在这种情况下，中国必须把防止疫情输入放在十分突出的地位。中国政府必须为应付大量海外华人回国"避疫"做好充分准备。中国边境口岸的检疫工作或许需要进一步加强。为了防止国际疫情蔓延，我们可能不得不采取一些非常措施。

第二，到目前为止新冠肺炎疫情对中国经济的主要冲击是人流、物流、资金流中断导致的生产活动停顿。从宏观经济学角度来看，中国遭受的主要是供给面冲击，在目前阶段我们的工作重心还不是刺激有效需求，而是帮助企业特别是中小企业恢复正常营运。新冠肺炎疫情对经济的冲击同战争、地震海啸之类自然灾害对经济的冲击不同。虽然我们的经济机器停止运转，但经济机器本身并没有遭到破坏。由于经济机器停转，作为机器运转润滑油的金融链条遭到了破坏。债务无法偿还、利息和租金无法支付、工资发放和各种税费的上缴出现困难。在正常情况下，这些问题会导致违约、清偿、破产的发生。在非常时期必须采用非常手段。其中值得注意的问题包括：

（1）商业银行和其他金融机构对实体经济行业应加大金融支持。不抽贷不压贷，延长还款免息期，对受疫情影响的客户适当提高风险容忍度，对需要加大生产的医药防护企业提高审批效率，加大贷款支持。

（2）企业的损失由全社会共同分担，即企业、员工、金融机构、政府共同分担。其中收入越高、财产越多者应该承担更多的责任。与此同时，企业、个人也需要分担一定的损失，以避免道德风险。

（3）由于出现不可抗力，所有有关契约可以统一修改。

例如，本应该在 2 月份支付的利息、租金推迟到由国家统一规定的某一时点再行支付。在修改契约时，我们可以假设在日历上并不存在 1 月份、2 月份、3 月份等。

（4）既要保护债权人的利益，也要保护债务人的利益。在此非常时期，必须主要保护债务人、生产者的利益。

第三，既然疫情主要冲击供给，对一些宏观经济现象的处理和应对就会有所不同。例如，由于生产过程的中断、供给的减少，在需求不变的情况下，物价肯定会上升。我们必须容忍一定程度的物价上涨（囤积居奇不在此列），而不能采取紧缩性宏观经济政策来应对。与此同时，央行必须保证货币政策足够宽松，这样才能使商业银行更好地帮助企业渡过难关。

第四，在生产全面恢复之后，政府必须采取具有足够力度的扩张性财政、货币政策，特别是扩张性财政政策。扩张性财政政策的重点应该是通过增加财政支出支持基础设施投资。新冠肺炎的流行进一步说明，中国公共卫生部门基础投资严重不足，未来的财政、货币政策，不管是否再以经济增速 6% 为目标，必须比疫情爆发之前更加宽松、更具扩张性。这里有两点应该注意：其一，增加公共开支的主要资金来源应该是中央财政；其二，基础设施投资项目必须经过严格论证，地方政府在基础设施投资过程中的作用必须严格规范，既不能搞政绩工程，也不能懒政、怠政。

第五，这次疫情有可能引起一场严重的全球经济危机。在疫情爆发之前，在经历了历史上时间最长的增长期后，美国经济增长已经显示种种颓势；贸易战已经引起对全球产业链是否能够维持的担心。而这场全球性疫情可能是压倒骆驼的最后一根稻草。此前是美国想把中国踢出全球产业链；现在看来，中国倒是应该好好考虑自己应该如何处理好独立自主和参加国际分工之间的关系。中国当然不应该主动退出全球产业链，但中国也需要明确，当全球性灾难降临时，除了自己，没人会救你。中国必须考虑粮食、能源安全，必须做到当外部供应被切断之后，中国依然能够生存。在此次疫情之后，世界经济有可能进入一个去全球化、全球价值链局部脱钩或区域化的过程。过长的产业链可以提高生产效率，但同时增加了风险。世界各国必须在全球化和独立自主之间找到某种平衡。在这个过程中，中国可能会显示出它的特有优势。在关键产业的建立、关键产品的生产上中国必须做到独立自主。

疫情对我国经济运行影响的
基本判断与应对策略

臧旭恒

山东大学特聘教授、博士生导师，消费与发展研究所所长，产业经济研究所所长，《产业经济评论》主编，国家重点学科产业经济学首席学科带头人。中国消费经济研究会副会长，中国经济发展研究会副会长。曾任山东大学经济学院院长。

习近平总书记2020年2月23日在统筹推进新冠肺炎疫情防控和经济社会发展工作部署会议上的讲话中指出，我国经济长期向好的基本面没有改变，疫情的冲击是短期的、总体上是可控的，只要我们变压力为动力、善于化危为机，有序恢复生产生活秩序，强化"六稳"举措，加大政策调节力度，把我国发展的巨大潜力和强大动能充分释放出来，就能够实现今年经济社会发展目标任务。

习近平总书记的这段话包含了大量信息，最基本的是：表达了我国政府对这次疫情影响我国经济短期和长期发展的基本判断以及应对策略。基于此，我们可以从"基本判断"和"应对策略"两个方面分析疫情对我国经济运行的影响。基本判断包括四点：经济长期向好的基本面没有改变；疫情的冲击是短期的、总体上是可控的；我国发展的巨大潜力和强大动能充分释放；能够实现今年经济社会发展目标任务。应对策略也是四点：变压力为动力、善于化危为机；有序恢复生产生活秩序；强化"六稳"举措；加大政策调节力度。

以下从"基本判断"和"应对策略"两个方面详细分析疫情对我国经济运行的影响。

一、关于基本判断

应该说，疫情突发对我国经济的冲击是巨大的，短期内造成的破坏性损失也是不容低估的。另外，疫情在世界主要经济体的扩散、爆发对全球经济和我国经济的短期冲击已经显现，世界主要经济体的经济运行已经做出很强反应，如全球主要股票市场的大幅连续下跌。基于疫情的突发性和严重性，国内外高级咨询机构如世界银行和大多数经济学家在调低 2020 年全球、区域和国度经济产出指标（包括我国的），这一点上没有太大分歧。我也持这种观点。但是，需要进一步分析的是，疫情对我国经济运行影响的程度如何。

（1）从目前看，年度经济产出增速的降低基本上是确定的。

（2）关键是如何估计降低的幅度。这一点目前还不能完全确定。能够确定的是，第一季度由于疫情爆发的影响，经济产出增速将大大低于 2019 年同期（注意：从 1 月 23 日武汉封城起，到 3 月初开始复工止，第一季度三个月中有近 1 个半月即第一季度的一半时间，除极少数绝对不能停工停产的特殊行业企业外，全国各行各业全面停工停产。尤其是每年这个时期处于一年之中旺季的商业零售业、餐饮服务业、旅游业、交通运输业等损失惨重。即使扣除每年都有的 7 天春节假期，仍有 1 个多月处于停工停产状态）。第二季度由于我国疫情的滞后影响和全球其他国家尤其是世界主要经济体疫情在 3 月初出乎意料的爆发，情况仍不容乐观，有可能导致整个上半年的经济产出增速严重下滑。需要着重指出并不得不引起我们高度重视的是：我国疫情的走向大体上已经能够看出眉目，但是全球其他国家的疫情扩散以及防控形势还不完全明朗。也就是说，其他国家，尤其是与我国经济关系密切、同时为世界主要经济体的国家（如美国、日本、韩国、意大利、德国、伊朗等）的疫情，对全球经济以及我国经济产出影响的大小，目前还不好判断。我个人认为，可以分成三种情况，并形成我们的估计：

如果其他国家能够像我国一样迅速、有效地控制住疫情，疫情对经济产出增速的影响最小，大约在原来正常态势下降低 0.1～0.2 个百分点。

如果不能像我国一样迅速有效行动，而是略有滞后但不太长（譬如 1～3 个月），疫情对经济产出增速的影响要大一些，视滞后时间长短，大约为 0.3～1 个百分点。

最坏的情况是，除我国外，世界其他主要经济体的疫情失控，直接导致全球经济崩溃，经济危机爆发。这种极端情况对我国经济的影响是很大的和不可估量的，毕竟我国经济已经与世界经济密不可分。根据麦肯锡全球研究院关于中国的最新研究报告，在该咨询机构分析的世界186个国家中，中国是33个国家的第一大出口目的地，是65个国家的第一大进口来源地，是第二大全球服务进口国、第二大外商直接投资来源国、第二大外商直接投资目的地国。

在这三种可能的情况中，我个人认为，第二种即中间情况最有可能。疫情对我国经济产出增速的影响大约在0.3～1个百分点。我国经济将在2020年第二季度基本上恢复正常运行，在下半年视所采取各项政策的强弱产生一定程度的反弹。全年经济产出增速趋于疫情冲击影响区间0.3～1个百分点的极小值。因此，我们应该基于中间情况判断形势和采取相应的对策。当然，要指出的是，以上分析的基本前提是：世界各国能够大体上保持克制，相互支持；政府高度重视，全力和强力介入；疫情控制后迅速恢复正常生活和生产；出台相应的积极应对策略。

结论是：在最可能发生的中间情况下，疫情对我国经济的冲击是短期的，总体上是可控的。

（3）关于能够实现今年经济社会发展目标任务，主要是从GDP即经济产出总量增长速度的角度进行分析。我们知道，2020年的经济增长目标像往年一样，是一个区间值，如5.6%～6.1%，这个区间值的上下幅度一般为0.5个百分点。如果以2019年经济实际增速6.1%为基点，上下在0.5个百分点浮动，即在 5.6% ～ 6.6% 区间。综合上面提出的第一种和第二种情况，疫情对我国 GDP 增长的影响，从大区间看，在 0.1 ～ 1 个百分点区间内趋于最小值。这样，应该能够落在 2020 年目标的区间内，即从 GDP 增速看能够实现全年经济社会发展的目标。实际上，我个人更看重如何在 2020 年剩余的时间内，把疫情突发对我国经济的负面影响尽量最小化，其中的一些相对较正面影响最大化。这就是"化危为机"的一个基本含义。当然，还有其他一些更深层次的含义。

（4）至于我国经济长期向好的基本面没有改变，经济发展具有巨大潜力和强大动能有待充分释放，应该说异议少一些，不再赘述。

以上是关于基本判断的主要分析点，再次强调，是基本判断，并没有面面俱到。

二、关于应对策略

我个人认为，应该特别强调这样一点，极特殊情况或时期下，我们不要太看重、太计较一时或短期的经济产出的得失。要瞻前顾后，通盘安排。

1. 出台经济刺激政策的力度要适当，不宜过大

我们应该提醒自己重温 2008 年全球经济危机后我国所采取的重大决策的利弊得失。2008 年美国次贷危机波及全球，为了刺激经济，我国出台了 4 万亿元投资计划，其中很大一部分用于基建及其相关项目，一时我国经济在全球独领风骚，贯通全国的高铁项目也是当时上马的，后来震惊世界，可谓成绩斐然。但是，大约到 2011—2012 年时，投资计划的项目完成得差不多了，我国的粗钢和水泥产能也已经占到全球的一半，出现了严重的产能过剩。时至今日，我们还始终在强调"三期叠加"（经济增长速度换档期，结构调整阵痛期、前期刺激政策消化期）对我国经济运行的影响。

2. 不过于看重量的增减，重在结构的调整优化

重温世界近现代经济社会发展史，尤其是大的经济波动、社会动荡、极端事件产生的前因中策后果的经验教训，提出三点粗浅想法：

（1）如果以上关于疫情对我国经济产出的影响趋向最小值的判断成立，政府就不要急于出台甚至根本不用出台力度太大的刺激经济政策，仅仅出台一些适当的经济调整政策即可，而且这些经济政策最好与前期的刺激经济政策相衔接。

（2）何为适当的经济调整政策？实际上，疫情作为意外的严重的经济外部冲击，类似在经济周期波动中经济危机爆发对经济的冲击一样，恰恰给我国提供了以较大幅度调整经济结构、社会结构、投资结构进而调整资产存量结构、产业结构、产品结构、就业结构、经济和社会政策的机会，给企业提供了调整产出结构、投资结构等的机会。当然，这时调整是有成本的（比正常情况下是大还是小，似乎没有定论），是痛苦的。但这是阵痛，是孕育中产生新生命体的阵痛。很可能孕育着"破坏性（毁灭性）创新"（熊彼特语）。所以，适当的经济调整政策，除力度强弱适度外，更应该着重"调整"，出台涉及调整现存结构的种种政策。

（3）"适当的"不排除在某些经济领域或某些产业采取大的行动，像"新基建"涵盖的一些领域，但这需要充分的、精准的论证。

我个人坚信，在以习近平同志为核心的党中央的有力领导和全国人民上下一心的共同努力下，我们的祖国一定能够战胜疫情，我们的经济一定会凤凰涅槃、再创奇迹。

新冠肺炎疫情下中国经济
走势展望和建议

祝宝良

国家信息中心首席经济师、研究员，国务院政府特殊津贴专家。国家应对气候变化专家委员会委员，国家制造强国建设战略咨询委员会委员，国务院参事室金融研究中心研究员。曾任中国驻欧盟使团经济组组长、一等秘书。

新冠肺炎疫情短期内对我国经济造成较大负面影响。2003 年 3—4 月份非典疫情爆发，当年第二季度我国经济环比回落 2 个百分点，消费影响较大。第三季度疫情得到控制后，投资、消费、第二产业迅速恢复，第三产业到第四季度开始改善。全年经济损失约 1 500 亿元，占当年经济总量 1 个百分点左右。与 2003 年相比，目前我国经济的产业结构、需求结构、就业结构、增长动能都发生了重大变化，经济周期的阶段性特征也不相同。我国经济已从高速增长阶段转向高质量发展阶段，正处在结构调整阵痛和经济周期下行叠加阶段。此次疫情对经济社会发展带来的影响要远大于 2003 年非典疫情的影响。

从需求看，主要表现为对消费影响较大。我国居民在交通、通信、教育、文化和娱乐方面的支出已经占到全部消费支出的 1/4，这些服务性消费易受冲击又难以补偿。对投资的冲击相对较小，疫情过后，投资会快速反弹。人员国际交流大幅减少，会影响服务贸易、货物进出口和跨境投资。

从供给看，住宿、餐饮、旅游、娱乐、运输、物流、居民服务等服务业企业受影响最大，并通过连锁反应影响其他行业和企业，首当其冲的是中小微企业。职工到岗率低，开工不足，厂房租金、设备闲置成本和原材料占用成本高，支付未到岗职工工资和社会保险缴费面临较大压力。

从就业看，近年每年第一季度新增城镇就业人数占全年总量的比例在 24% 左右。疫情造成农民工延期返城、企业开工不足以及新成长经营主体减少，新增就业数量会减少，在短期内会加剧失业现象，并在一定程度上抑制工资性收入的增长。

目前，国内疫情已基本得到控制，各地已陆续开工。目前看，疫情对经济的冲击集中在第一季度，第一季度 GDP 同比下降 6.8%。从第二季度起，经济开始恢复运行并有所反弹，全年经济预计增长 5% 左右，城镇新增就业达到 1 000 万人，失业率达到 5.7% 左右。新冠肺炎疫情短期内降低了经济增长速度和其他发展指标，但这一影响是一次性冲击，没有对生产要素供给和全要素生产率提高产生长期影响，不会降低我国经济的潜在增长能力。因此，短期内应从需求和供给两个方面采取措施，一手抓防控疫情，一手抓经济稳定，切实减轻企业的困难，保障失业人员的基本收入和困难家庭的基本生活。在疫情基本结束后，通过适度扩大需求，保障生产要素得到充分和有效利用，使潜在生产能力得到充分发挥。

一、继续实施积极的财政政策

积极的财政政策要大力提质增效。坚决压缩一般性支出，调整支出结构，做好重点领域保障。中央财政赤字可增到3.5%，中央政府要加大转移支付力度，支持基层保工资、保运转、保基本民生。继续落实好减税降费政策，切实降低企业税收、社保负担，降低企业用电、用气、租赁、物流等成本。加大地方政府专项债发行额度，支持战略性、网络型基础设施建设，推进川藏铁路等重大项目建设，加快自然灾害防治重大工程实施，加强市政管网、城市停车场、冷链物流等建设，加快农村公路、信息、水利等设施建设。

二、继续实施稳健的货币政策

稳健的货币政策要灵活适度，通过降准、降息，保持流动性合理充裕，货币信贷、社会融资规模增长同经济发展相适应，降低社会融资成本。要深化金融供给侧结构性改革，深化利率市场化改革，疏通货币政策传导机制，增加制造业中长期融资，更好地缓解民营和中小微企业融资难、融资贵的问题。推动银行通过发行永续债等方式多渠道补充资本金，保证银行体系的放贷能力。压实各方防范和化解金融风险的责任，防范和化解部分市县政府的隐性债务风险，保持宏观杠杆率基本稳定。保持人民币汇率弹性，维持人民币汇率在合理均衡水平上的基本稳定。

三、发挥社会政策托底作用，确保困难群众基本生活得到有效保障

2020 年，在城镇需要就业的劳动力人口将达到 1 300 万以上，其中高校毕业生将达到 870 多万。另外，每年还有约 200 万农民工进城，就业压力仍然很大，要抓好重点群体就业工作。扩大技校招生数量，加大失业人员培训，缓解就业压力。发挥好失业保险金的作用，及时发放失业金。对退休职工、在校学生、贫困人群等关键人群实行价格补贴。要加强城市困难群众住房保障，加强城市更新和存量住房改造提升，做好城镇老旧小区改造，大力发展租赁住房。要坚持"房子是用来住的、不是用来炒的"定位，全面落实因城施策和稳地价、稳房价、稳预期的长效管理调控机制，促进房地产市场平稳健康发展。

四、深化经济体制改革和对外开放

要加快国资国企改革，推动国有资本布局优化调整，推出国资国企改革三年行动计划，着力解决国资经营、混合所有制、激励机制等问题。要完善产权制度和要素市场化配置，

健全支持民营经济发展的法治环境，完善中小企业发展的政策体系。放开文化、教育、医疗、养老等行业的市场准入，给民企和外资企业留出更大的发展空间。政府采购和补贴对国企、民企、外资企业要一视同仁，公平竞争，切实支持民企发展。推动土地制度改革取得实质性突破，改革土地计划管理方式，建立土地市场，逐步释放出农村约 4 200 万亩集体建设用地，允许城市资本进入农村建设用地市场。一方面可增加农民财产性收入；另一方面也可扩大城市土地供给，降低土地价格，稳定房地产市场，降低企业生产成本。

对外开放要继续往更大范围、更宽领域、更深层次的方向走，加强外商投资促进和保护，继续缩减外商投资负面清单。继续打造高级生产要素集聚新区，扩大自贸区先行先试的自主权，发挥好自贸试验区改革开放试验田作用。

五、稳定预期

稳定预期是当前做好我国经济和社会工作的关键。预期有自我实现的特点，如果对经济前景悲观，那么消费、投资就会萎靡不振，经济活动进一步减弱。反过来，经济下滑又会助长悲观预期。

首先，要通过专家解读、官员发声、信息及时透明披露等方式，减少民众的焦虑、失望情绪，坚定打赢疫情的信心。

其次，坚持 2020 年全面建成小康社会的目标不动摇，给世界送上坚定的承诺，给国内注入充分的信心。

　　最后，各部门和各地方政府要避免把疫情作为经济下滑的借口。疫情在短期内会带来经济减速，但不会消灭经济活动。各地区要按照本地区的目标和任务，一手抓疫情防治，一手抓经济社会发展，力争完成目标任务。

疫情对GDP的冲击没有你想的那么大①

张　军

复旦大学经济学院院长、中国经济研究中心主任，教育部“长江学者”特聘教授，入选国家“万人计划”。兼任复旦大学学位评定委员会副主任暨社科与管理学部主任，上海市经济学会副会长，教育部高等学校经济学类教学指导委员会副主任，中国经济社会理事会理事等。主要研究领域：产权经济学，经济增长与结构转变，财政分权与地方竞争，国民经济的统计核算以及宏观经济等。

新冠肺炎疫情的爆发将会如何影响2020年中国经济？2020年中国GDP增长率会跌破5%吗？受疫情蔓延和防控疫情政策的影响，第一季度的经济会遭受多大冲击，会零增长甚至负增长吗？

考虑到本次疫情集中爆发于春节假日期间，对消费需求的冲击要比对投资需求影响更大。春节黄金假期本来就是消

① 本文写于第一季度数据公布之前。

费最旺的时候，按商务部的数据，2019年全国零售和餐饮企业在春节黄金假期的销售额超过1万亿元规模。因此，一些研究报告评估，受这次疫情影响，2020年春节消费受到不小的冲击，其中，餐饮、酒店、旅游、娱乐、交通等行业首当其冲，这些行业的企业收入会出现断崖式下跌。而且，像餐饮、娱乐等消费在此期间形成的损失难以弥补，第一季度的消费品零售额恐会减少50%～70%，相当于损失额5 000亿～7 000亿元。

同样，受到这次疫情和隔阻政策管控的影响，春节前后，人口流动和外出旅行大幅减少。根据交通运输部的数据，2020年春节假期10天（1月24日至2月2日），全国铁路、道路、水路、民航共发送旅客1.9亿人次，比2019年春运同期下降近73%。截至2月6日，春运前27天（1月10日至2月6日）全国发送旅客量比2019年同期下降35%。根据恒大研究院任泽平团队发布的研究报告，以2019年春节期间旅游业收入规模推算，2020年疫情给旅游业带来的收入损失预计超过5 000亿元，这相当于2019年第一季度GDP的2%左右。他们还预计，受疫情影响，2020年春节档电影票房窘况或将导致全年电影票房收入零增长甚至负增长。

的确，仅以服务业当中的零售、餐饮、文化娱乐、酒店和旅游等行业遭受的损失为参照，第一季度服务业的收入损失看上去相当可观。恒大研究院任泽平团队在报告中列举，"电影票房减少70亿元（市场预测）＋餐饮零售5 000亿元（假设腰斩）＋旅游市场5 000亿元（完全冻结），春节短短

7 天，仅这三个行业全国直接经济损失就超过 1 万亿元，占
2019 年第一季度 GDP 21.8 万亿元的 4.6%"。

如此看来，第一季度 GDP 很可能出现负增长。我也看到
甚至有的人更加悲观，认为要关注的不是第一季度 GDP 可不
可能出现负增长，是要关注负多少，是 –5% 还是 –10%。所
以，有必要简单讨论这种可能性有没有。我的看法是，即便
考虑到这次疫情的蔓延范围和实施阻隔政策对当期经济活动
的冲击确实很大，第一季度 GDP 也不可能出现零增长或负增
长。为什么？

首先看第一季度 GDP 要出现零增长或负增长意味着什么。
GDP 是各行业增加值的总和，不是营业收入或总产值的总和。
所以不能把疫情造成的营业收入或产值损失都计入 GDP。

增加值的核算相当复杂，尤其是服务业。以旅游业和餐
饮业为例，国家统计局的数据显示，2018 年中国旅游业总收
入为 5.97 万亿元，增加值为 3.7 万亿元，增加值率约为 60%，
而餐饮业 2018 年总产值为 4.3 万亿元，增加值为 1.6 万亿元，
增加值率只为 37% 左右。

其实，就全国而言，我们各行业加总的平均增加值率不
会超过 30%，因为大多数制造行业的增加值率不到 20%，尽
管少数能源行业的增加值率可能高达 70%。假设全国各行业
的增加值占其产值或营业收入的 30%，那么可以倒推，2019
年第一季度 21.8 万亿元的 GDP 就相当于各行各业加总的产
值或收入差不多有 65 万亿元之多。

其次，按照这些年已有的增长趋势，如果不受外部冲击，

中国经济还保持着平均每个季度大约不低于 8 个百分点的名义增速（按现价计算的名义值，按不变价计算的实际增速在 6% ～ 6.5% 之间），这就是说，如果没有疫情冲击，2020 年第一季度名义 GDP 应该至少在 23.54 万亿元（21.8+1.75），相对于约 71 万亿元的营业收入或产值。如果第一季度受疫情冲击 GDP 变为零增长或负增长，意味着 GDP 名义增长率的下降幅度首先要抵冲掉原有的增长趋势，也就是名义增长率要跌 8 个百分点以上，而要跌出这个幅度，第一季度的总收入或产值就要减少大约 6 万亿元（71-65）。

那么，第一季度各行业受到疫情影响可能损失掉 6 万亿的名义收入或产值吗？前面提到恒大研究院的估计，电影票房减少 70 亿元（市场预测）＋餐饮零售 5 000 亿元（假设腰斩）＋旅游市场 5 000 亿元（完全冻结），春节短短 7 天，仅这三个行业全国直接经济损失就超过 1 万亿元，而且这还仅是服务业的部分行业，还没有考虑制造业。难道第一季度损失掉 6 万亿的营业收入和产值不可能吗？

就目前的疫情防控情形和经济恢复状态来看，我认为不可能。现在我们看到的一些研究报告中对服务业估计的收入损失数字经不起仔细推敲，有夸大之嫌。尽管疫情对第三产业的整体冲击目前无法精确统计，但是很多研究机构包括恒大研究院的报告给出的数字存在统计口径的严重问题。

以旅游业而言，每个行业在统计自己的收入时，是以该行业所覆盖的所有行业为范围的。比如在统计旅游业的收入时，就包含了餐饮、购物、酒店住宿、娱乐、游览、交通等范畴。通常我们说，旅游业、交通客运业和以饭店为代表的住宿业是旅游业的三大支柱。2018 年中国旅游业的总收入为 5.97 万亿元，增加值为 3.7 万亿元，这个数字早已部分包含了餐饮、购物、酒店住宿、娱乐、游览、交通等范畴的收入；同样，餐饮业 4 万亿元的总产值也部分包括了旅游业的收入。

所以，不能简单地加总餐饮业、零售业与旅游业的收入或收入的损失，因为这当中有太多重复的计算。同样的道理也适用于服务业的其他行业的收入与损失统计。所以，尽管还有待于国家统计局提供汇总的最终行业收入损失数据，但说电影票房、餐饮零售加旅游市场仅这三个行业春节黄金周的直接经济损失就超过 1 万亿元，是一个包含严重重复计算的数字。换句话说，疫情肯定给服务业带来短期比较大的收入损失，但简单加总各行业统计的收入损失会高估服务业整体受到的冲击。

毋庸置疑，这次疫情对经济的冲击肯定大过 2003 年的非典。大多数经济学家和研究机构都做出了相似的判断。除了服务业受到短期的巨大冲击，制造业也会受到一定程度的影响，但只要疫情很快得到控制，这个影响不会太大。现在我们大概可以说，疫情对经济冲击最严重的时间应该主要集中在春节到 2 月底这一个月中。随着 2 月中旬全国陆续复工，疫情的影响也开始逐步减轻。

就制造业而言，虽然受疫情影响很多企业春节后无法按时开工（根据华创证券 2 月 12 日估计，全国农民工只有 29.7% 已经返回，再加上部分疫情地区返回劳动力还需要集中或居家隔离，企业正常复产复工面临较大的人员短缺），加上部分生产订单被取消，势必影响企业收入和投资。不过，正如普华永道的报告指出的，总体上看，与对消费影响相比，疫情对投资影响相对较小。以汽车行业为例，2019 年汽车销售和产量都在下降，经销商、制造商有大量库存，由于延迟复工造成短暂停工停产，对企业实际影响相对有限（第一季度因春节假期一些制造业行业本来的开工率也是最低的）。虽然假日延长会使大量中小微企业的全面复工比预定时间延后，但随着各地政府启动系列政策支持复工和恢复生产，总体上第一季度制造业产值的损失相对有限。

基于以上分析，考虑到这次疫情冲击的范围比较大，最大可能的估计范围是，第一季度 GDP 增速下降幅度在 30% ~ 50% 之间。以实际增长 6% 为趋势基准，这也就意味着下降 2 ~ 3 个百分点。以 GDP 增速下降 50% 作为上限来推算，第一季度 GDP 要减少接近 1 万亿元，相对于约 3 万亿元的营业收入或产值。如果 7 成来自服务业，那就意味着服务业大约 2 万亿元的损失。这是我估计的上限。按照这个逻辑简单推算，并假设疫情在第一季度得到控制，第二季度经济实现反弹，疫情对全年 GDP 趋势增速的影响就在 0.5 ~ 0.75 个百分点之间。其实，这个估计程度已比恒大研究院和牛津经济研究所的估计都略大了。在一份由牛津经济研究所首席经济学家 Tommy Wu 和牛津经济研究所亚洲经济主管 Louis Kuijs 撰写的评估报告中，他们对新冠肺炎疫情对中国经济的影响做了全面的估计，最终将中国第一季度的增

长预期下调了 2 个百分点以上。考虑到第二季度出现反弹的
情形，他们预计 2020 年中国的 GDP 实际增长率约为 5.4%
（此前的预测为 6%）。而恒大任泽平团队的报告则是考虑了三
种假设情景，在不同情景下对 2020 年四个季度的 GDP 实际
增长率做出了估计，他们对全年 GDP 实际增长率给出的估计
在 5% ～ 5.4% 之间。

当然了，在预估疫情的经济影响时，除了要考虑经济原
有的趋势增长率之外，重要的还是疫情持续的时间。只要我
们能将疫情控制在第一季度之内，随着第二季度及之后半年
的经济反弹与恢复，第一季度受到疫情冲击的影响就会在全
年的恢复性增长中被减弱。国际货币基金组织（IMF）总裁格
奥尔基耶娃 2020 年 2 月 12 日接受记者采访时也谈到，IMF
正在收集数据开始全面评估疫情对全球经济的影响。就经济
前景而言，随着工厂重新开工、库存得到补充，中国经济有
望迅速复苏；最有可能出现的情况是"V 型"增长，即经济
活动出现下滑后迅速回升，疫情对中国经济的总体影响相对
可控。

疫情难阻中国经济发展大势

张　辉

北京大学经济学院副院长，教授、博士生导师。兼任文化和旅游部"十三五"时期文化改革发展规划专家委员会委员和商务部全球价值链专家。

习近平总书记在指导新冠肺炎疫情防控工作时强调，全力以赴抓好疫情防控的同时，统筹做好"六稳"工作，积极推动企事业单位复工复产，维护中国经济长期向好的基本面。目前中央、地方已经对部分企业特别是中小企业实施了房租减免、税费减免和金融支持等一系列扶持政策，帮助企业纾困。

疫情对中国经济的冲击主要取决于疫情的持续时间，显然，如果疫情短期内得到有效遏制，那么中国经济会迅速摆脱疫情带来的短暂波动，进而萌发新的增长优势。

第一，疫情形成短期经济波动，坚实社会主义市场经济体系抵御风险。中国的社会主义市场经济体系是一个比西方各国经济体系更为灵活的系统，可以有效调动市场和政府的双重作用。目前，中国已成为 GDP 总量 100 万亿元的超大型经济体，应对社会经济冲击的相关机制也不断健全，抵抗风险能力不可同日而语。只要这次疫情在第一季度能够得到有效控制，中国完全有能力抵御这次疫情的冲击，中国经济长期向好的基本趋势不会改变。

第二，疫情引发生产延误，雄厚工业基础保障平稳增长。防控疫情导致工贸一体化企业的生产进度受阻，履约不确定性增大。然而，中国早已形成了独立完整的现代化工业体系，是世界上唯一拥有联合国产业分类中全部工业门类的国家。截至 2018 年，中国工业增加值占全球份额达到 28% 以上，接近美、日、德三国的总和，数百种工业品产量位居全球首位。中国积蓄的雄厚的工业基础、存量充足的重大工业资源，能够有效支撑短暂生产延误后的经济恢复，持续推动中国经济高质量发展。

第三，疫情导致防控物资短缺，强大制造能力维系发展势头。虽然疫情的逐步发展使得 N95 口罩、医用防护服等物资一直处于供不应求状态，但随着纺织服装、化工企业的陆续复工，中国强大的制造能力得以释放与恢复，物资生产速度加快，供需矛盾得到缓解，疫情对经济的负面影响进一步降低，疫情的影响周期不断压缩。中国出色的制造能力的适时发挥提高了中国应对经济风险的能力，坚定了中国经济的发展方向。

第四，疫情降低产品出口效率，卓越贸易优势固守全球地位。2020 年 1 月，世界卫生组织将新冠肺炎疫情列为国际关注的突发公共卫生事件，部分国家对来自中国或靠泊中国的船舶以及货物、船员，实施了严格的检验检疫措施。然而，中国已经形成了全面开放的基本格局，2015—2018 年，中国年均显示性比较优势指数（RCA）大于 1 的产品共有 102 个，RCA 指数全球排名前 20 的产品为 14 个，反映出中国出口贸易优势较为突出，短期贸易受限难以撼动已经形成的国际供需格局，因此，短期出口运输效率的降低尚不足以影响中国全球贸易地位。

第五，疫情收缩服务业发展渠道，庞大消费内需提供增长动力。受疫情影响，多个国际航空公司暂停了往来中国的航班，美国、意大利等国家暂停所有中国公民的入境和签证申请，冲击中国旅游业。同时，为防控疫情，大量人员减少外出集聚，引发服务消费锐减。然而，由于经济稳步持续增长，2018 年中国个人消费支出达 51 735.37 亿美元，远高于同发展阶段的欧美发达国家，并且年均增长速度达 6.62%，是相同人均 GDP 时期美国和英国的两倍，因此，中国庞大的内需市场能够消弭短期政策性波动带来的旅游业国际市场受挫、生活型服务消费缩减的困境，维护服务业高质量发展势头不变。

虽然疫情对中国经济增长产生了短期的下滑压力，但也为中国经济转型升级提供了契机。疫情的发展引发社会劳动力的再分配，加快产业新陈代谢速度，将生产要素从传统工业向智能化、信息化、数字化的新兴产业转移，推动中小企业发展。

一是化疫情为转机，全面提升经济发展质量。疫情的爆发是对过往生产、消费方式的一次检验，也是对当下的考验，更是对未来的校验，希望能够在对冲疫情影响过程中，全面提升经济发展质量和生产、消费模式。充分考虑全球和国内经济体系前所未有的深度分工性，从系统角度和整体角度思考疫情中和疫情后的经济恢复工作，做好进出口企业的支持工作，最大限度减轻对全球经济的影响。

二是完善战"疫"物资战略储备，克服市场失灵。疫情的快速发展引发口罩等医疗物资的短期需求急剧扩张，原有供给体系无法适应产能的急剧扩张，带来这些领域经济短期剧烈波动，从而带来了市场失灵。为减缓其对经济的冲击，政府应分类分级健全关键物资储备体系，将应急医用物资纳入城市战略物资储备体系，分区域布局，登记备案一批战"疫"生产厂商，采用常态产能和"战时"产能相结合的管理方式，滚动补充、定期更新和轮替，做到发生重大突发事件时保障有效供给。

三是加强价值链风险管理，强化命运共同体意识。企业应尽早与价值链上下游厂商协商，积极在防控基础上恢复生产，并建立产业链应急机制，利用相关的设计措施开发备选合作商，保障多边采购和后备供应，实现价值链的多样化，同时构建产品数量、质量、市场的层叠式变化分析系统，加大对全价值链协调运行监测，及时诊断并协调解决资金、原料、用工不足及物流仓储条件改变。同时，企业也可在应对危机过程中，加强员工与企业的关联性，激发命运共同体意识，携手员工共同面对挑战。

四是部署"新兴基础设施建设"（简称"新基建"），推动开拓创新。在应对新冠肺炎疫情过程中，互联网通信技术在调配销售物资方面发挥了重要作用，中小企业应重点对接移动互联网、人工智能、5G、大数据和云计算等促进产品和服务创新的"新基建"，从智能服务、虚拟运营、内容创新、互动体验等方面，加强线上线下业务融合，降低运营风险和管理成本、人力成本，开拓收入新渠道，保障特殊时期的多元化市场需求，加快经济恢复和提高应对经济风险的能力，实现向高质量发展的跨越。

五是推动新业态新模式发展，及时止损。中国应将新冠肺炎疫情压力转化为动力，借助跨境电商综合试验区提供境外仓储信息服务，促进产业链可视化，从而更直观地剖析各节点的状况，帮助贸易企业合理调配出口，并且支持跨境电商与市场采购贸易融合发展，为受疫情影响的企业探索交易新渠道，加快出口贸易优势恢复。

我们相信，在政府的有效干预下，大部分企业不会因为短暂的疫情而走向僵局，全国失业率也不会因此而跳升；在政府的大力扶持下，万众一心、众志成城，可以有效保证企业的复工生产和失业率平稳。

疫情对中国经济的影响以及政策建议

苏 剑

北京大学经济学院教授、博士生导师，北京大学国民经济研究中心主任，北京外国经济学说研究会会长，中国特色社会主义政治经济学论坛副主席。曾任方正证券首席宏观经济顾问。研究/教学领域：宏观经济学和中国经济。

2019 年末，新冠肺炎疫情迅速蔓延，疫情的扩散对中国经济产生较大冲击，主要体现在对消费、投资以及进出口等方面的影响。从消费来看，疫情对春节期间的消费影响巨大，其中影响较大的行业如餐饮、旅游、文娱以及交通运输等行业，与此同时，疫情对收入的影响也直接导致消费能力的下降。从投资来看，疫情导致诸多企业延期开工，投资也受到了一定影响。从进出口来看，疫情限制了出入境活动以及贸易往来，进出口贸易也受到了一定的冲击。

疫情爆发以来，中央和地方政府采取一系列措施，控制疫情蔓延，并逐渐有序推动复工复产。但是疫情产生的影响是多方面的，新冠肺炎疫情在中国得到控制，在海外却呈愈演愈烈之势，全球经济面临巨大风险。世界卫生组织将新冠肺炎疫情全球风险级别由此前的"高"上调为"非常高"，经济合作与发展组织（简称经合组织）将 2020 年全球经济增速预期从 2.9% 下调至 2.4%。中国经济将如何应对这场突如其来的疫情，是全社会关注的焦点。

一、货币政策灵活适度

随着美联储宣布降息，各国相继开启了降息通道，全球央行降息预期进一步升温。对中国而言，中央和地方政府对疫情控制比较早，疫情已经得到一定程度的控制，复工复产也在稳步有序地进行。中国虽然不必跟随降息，但是美联储的紧急降息的确给中国的货币政策操作带来了更大的空间，短期内为了应对疫情的冲击，可考虑降息、降准以及定向降准政策，继续增加流动性，降低中小企业融资成本，支持企业复工复产，支持经济恢复活力。

长期来看，可综合运用各种货币政策手段，一方面，加大 MLF 调节力度，引导 LPR 利率下行；另一方面，大力度运用好结构性货币政策工具，充分利用支农、支小再贷款、再贴现等政策。建立对经济发展的远期信心比短期刺激更为重要，这同样符合中共中央政治局的会议精神：稳健的货币政策将更加灵活适度，缓解融资难融资贵问题。

二、财政政策积极有为

积极的财政政策要"更加积极有为"，发挥好政策性金融的作用。

第一，加大减税力度。进一步减税降费，降低企业融资成本，缓解疫情对企业带来的负面影响。鼓励商业银行拓宽企业融资渠道，尤其要加大对小微企业的支持力度，减免税收、降低社保缴费率等，并向受此次疫情影响严重的企业倾斜。为相关企业提供低息甚至无息贷款，加大扶持力度，尽早帮助遭遇困难的企业渡过难关。适当减免疫情期间受疫情影响严重的行业的税收，尤其是交通运输、旅游餐饮、文娱等行业，进一步降低社保缴费率，降低企业负担。

第二，加大财政支出力度。增加与疫情相关的财政支出，对于抗击疫情表现突出的企业予以财政补贴，针对受疫情影响严重的地区或者行业增加财政支出规模。受疫情影响，2020 年财政收入可能有所缩减，增加财政支出力度将产生收支矛盾，因此，为了保证疫情相关的财政支出以及必要的民生支出，可适当扩大财政赤字。

第三，通过国有企业混合所有制改革解决财政资金来源不足的问题。扩张性财政政策需要有财力保证。2020 年本来就存在经济下行压力，财政吃紧，疫情出现后，一方面财政收入大幅下滑，另一方面计划外财政支出大幅增加，导致财政更加困难。如果用发行国债筹资，则 2020 年财政赤字率将大幅上升，且将加剧政府债务问题。因此建议加快国有企业混合所有制改革，通过出售国有企业股权的方式为本轮财政刺激融资。

三、提高经济增长质量，适当下调经济增长预期

2020 年，中国经济仍然面临着下行压力，叠加疫情因素，将对中国经济增速造成不小的冲击。随着新冠肺炎疫情快速蔓延至全球，经合组织下调了 2020 年全球经济增速预期。由于全球供应链和商品生产受到打击，旅游业业绩下滑，2020 年上半年世界经济增长将急剧放缓。适当降低经济增速预期，有利于经济社会平稳运行，实现高质量发展。

经济下行压力持续加大的背景下，提高经济增长的质量，是保持经济持续健康发展的必然要求，疫情导致消费增长乏力、投资下滑，加之中国的人口老龄化、劳动力不足等突出问题，以速度和数量为主的增长模式是不可持续的。为了适应社会矛盾的变化，适当下调经济增长预期，把提高经济增长质量、实现高质量发展放在更加重要的位置，才能实现效益优先，确保经济合理增长。

四、加大改革力度

此次疫情暴露了我们很多社会治理、应急管理等方面的短板。长期来看，加大改革力度，创新体制机制，才是发展经济和提振信心的重要手段。

第一，市场环境管理。健全的市场机制是提高宏观经济运行效率的核心，因此有必要通过市场环境管理，规范市场秩序，提高竞争效率，恢复市场功能，最大化发挥市场配置的有效性。疫情暴露的一系列问题都凸显了改革的迫切性和必要性。这就要求我们更加重视简政放权、放管结合、优化

服务相结合，提高政府治理能力；健全信息披露制度，加强信用体系建设；规范行业竞争、鼓励中小企业发展来打破行业和地区垄断；通过扩大开放程度、遵循市场原则和国际通行规则，促进国际合作便利化。

第二，供给侧改革。诸多中小企业在此次疫情中生存艰难，增加金融有效供给十分必要，这不仅有利于提高企业投融资的便利化程度，也同样有利于金融企业的优胜劣汰。公共安全问题日益突出，严重影响和制约着经济社会的持续发展，应急医疗产业在中国是新兴行业，供给数量不足、供给质量不高、创新意识不足、技术竞争力不强、国际影响力比较弱等都是制约行业发展的问题，建立与应对突发公共安全事件相匹配、与制造业和服务业融合发展相适应的应急产业体系显得尤为重要。因此，促进应急医疗产业健康快速发展既是全面提升公共安全保障能力和水平的迫切需求，对维护社会和谐稳定和国家的公共安全也具有重要意义。

第三，培育新的增长点。为了应对经济持续下行，培育新的增长点是稳增长、促发展的有效途径。疫情期间，数字经济功不可没，各项云技术已经渗透到生活中的方方面面。新的产业、新的经济模式不仅帮助人们解决疫情期间的各种需求问题，同样也是后续经济发展的动力。因此以 5G 基建及应用、光伏电网及特高压、工业互联网、城际高速铁路和城际轨道交通、新能源车及充电桩、人工智能、云计算大数据中心构成的"新基建"就是未来发展的方向，这些领域不仅能带动短期消费需求，也能为经济发展提供长期的有效供给。

中国经济发展向好趋势不会改变

徐洪才　　中国政策科学研究会经济委员会副主任，欧美同学会留美分会副会长，欧美同学会"一带一路"研究院高级研究员。曾任中国国际经济交流中心信息部部长、经济研究部部长、副总经济师；首都经济贸易大学金融学教授，证券期货研究中心主任；北京科技风险投资公司副总裁；广发证券公司（上海）总经理。

疫情短期冲击不可避免，但中国经济长期向好趋势不会改变。中国经济有很大的韧性，不会因疫情出现有些人所担心的衰退。这次疫情应对，充分暴露了中国经济和社会治理中的一些短板，可推动新一轮改革开放，促进经济结构调整和发展模式转换。一定要坚持深化改革、扩大开放方针不动摇。当前要紧的是在防控疫情的同时做好有序复工复产。新冠肺炎疫情突如其来，致使一些企业处于休眠或半休眠状态，正常的供应链和分工体系遭到一定程度的破坏，如果不能及时修复，将会对经济发展造成更大的负面影响。

在防控疫情的前提下，各行各业都要从实际出发，做到防控和复工复产两手抓，两手都要硬。如何才能做到不搞复工复产"一刀切"，又不防控疫情过度？知易行难！我认为，西部和东北地区疫情影响较小，就没必要风声鹤唳、草木皆兵。恰恰是长三角、珠三角等经济发达地区受疫情影响大一些，批发零售、住宿餐饮、物流运输、文化旅游等行业受到了前所未有的打击；而这些地区企业的及时复工，又尤为迫切。如何把控好复工的节奏和力度，是当下的一大挑战。

同时，也要避免陷入一个误区，寄希望于一复工就能把以前的损失补回来。这是沉没成本，既然已经发生，就必须理性去面对。一定要遵循客观规律，修复产业链、供应链是当务之急。疫情冲击之下，尤显中小微企业困境。供应链一断裂，可能会导致一批处于低端的中小微企业陷入生存危机。值得庆幸的是，疫情正逢春节，大家手中还都有存货；关系老百姓日常生活的"菜篮子"工程，还有水电气等公共服务产品保持了基本稳定。

未来要继续重点保障服务于医疗卫生系统的生产企业能够满负荷地开工运行，为疫情防控提供有力保障。近期中央和各地根据疫情影响，因地制宜快速出台了一系列纾困政策，比较及时到位帮助扶持了小微企业，起到了缓冲负面影响的作用。当前物价总体稳定，来之不易。供应链修复需要在供给和需求两侧同时发力，但整体经济修复仍需假以时日，不能操之过急。

经济修复将是"V型"反转，但各地情况不一样。第一季度的经济肯定要受到较大冲击，第二季度以后逐步恢复。我认为，各地不应刻意为了完成增长任务而硬拉经济，而要顺势而为。目前的主要任务是提高复工率，修复供应链；下半年，一些基建项目特别是补短板的项目可以加大政策支持力度。

全球伸出温暖之手，我们心存感激之情。病毒不分国界，疫情是人类的共同挑战。应该看到，这次疫情也能凝聚人心，促进各国之间的协作，共同应对挑战。从积极的角度理解，这也不失为改善国际关系的契机。疫情对全球贸易投资都有负面影响，但也是短期冲击。2019年中国货物贸易进出口总值近32万亿元，其中，出口17.23万亿元，外贸依存度在30%以上。疫情之下，不难预料，会有一些企业丢掉出口订单，必然带来一定的影响。但我相信，疫情也会促使企业调整思路，转变外贸发展方式。经过一段时间的修复，中国外贸发展将会逐渐恢复正常。

目前来看，长三角、珠三角已经出现"用工难"问题，部分工人返工受阻，企业生产经营无法正常运转。从整个产业链来看，环环相扣的供应链一旦出现断裂，必然会对整个行业产生影响。当务之急，就是要修复供应链、产业链，先保运转，哪怕是低负荷运转。同时，也不要急于求成，一哄而起都开工。期望经济有一个大幅飞跃，出现大幅反弹，是不现实的，同时要谨防疫情出现反弹。

借此契机，要大力扶持民营企业，推进国企的混合所有制改革，释放民营经济的发展活力。要实施更大规模的减税降费政策，让企业轻装上阵，这方面仍有很大空间。同时，关注城乡融合发展，推动土地制度改革。目前，城市和乡村之间生产要素的双向自由流动还不够，还存在体制机制的障碍。统一的土地市场并没有形成，户籍制度改革与社会保障制度建设方面仍需不断探索，教育、医疗、卫生等公共服务仍要加大投入。基本公共服务均等化的目标还没有实现，城乡差距依然存在。未来要加大力度推动城镇化，弥合城乡之间的鸿沟，这是中国经济发展潜力之所在。推进应急管理、公共卫生、后勤保障、国家治理机制等方面建设，都要进一步解放思想，拿出实际行动。

疫情对于全面建成小康社会目标会有一定影响，但我们仍要尽力而为，坚决打好防范化解重大风险、精准脱贫、污染防治三大攻坚战。同时，对于 2020 年"实现国内生产总值和城乡居民人均收入比 2010 年翻一番"的目标，也要争取完成。只要今年经济增长速度达到 5.7%，两个"翻一番"目标是可以完成的。目前的防疫形势还未到足够乐观的时候，如果疫情能在上半年结束，努力一把，是可以完成两个"翻一番"目标的。总之，要遵循客观规律，顺势而为。

当前，央行货币政策仍是朝着边际宽松的方向，但总的基调是不搞大水漫灌，继续保持稳健。同时，实施更加积极的财政政策，扩大财政赤字规模和减税降费双管齐下。要加强补短板重大项目储备，加快项目审核进度，积极发挥政府投资引导带动作用，为市场主体创造良好的营商环境。强化社会政策兜底的保障功能，无论是困难户还是企业，都要采取定向帮扶。尤其是对一些困难家庭，不只在经济上帮扶，在心理上也要加以疏导。

总而言之，财政政策要更加积极，货币政策要灵活适度，社会政策要发挥民生兜底作用，改革政策要加大力度。与此同时，加快落实对外开放政策，特别是金融开放，坚持市场化、法治化、国际化的发展方向不动摇。企业也要因势而变，调整经营思路，尽量减少损失，同时谋求新的出路。

从经济发展全局看，此次疫情也给我们留下诸多思考和启示：

第一，要把风险防控放在突出位置，警钟长鸣。"黑天鹅"事件让人猝不及防，未来还会有新的不确定性，要未雨绸缪，在全社会范围内形成风险防控意识。

第二，改变生活方式，不胡吃海喝，不吃野生动物。摒弃陈规陋习，促进人与自然的和谐发展。

第三，加大生态环境保护治理力度，坚持生态保护、污染防治并举。生态修复关系着人们的食品安全和健康，加强环境保护是全面建设小康社会的内在要求。

第四，大力推进国家治理体系和治理能力现代化。官僚主义、互相扯皮、推诿责任等现象，在这次疫情防控中得以暴露，包括一些社会组织，都要痛定思痛，加大改革力度。

第五，多难兴邦，及时总结经验和教训。坚持改革开放方向不动摇，启动新一轮的改革开放。

第六，振奋精神。中华民族有着不屈不挠、团结协作的优良传统，这些精神都要继续发扬光大。

刀刃上的增长

——庚子战疫后的经济和政策分析

管清友

如是金融研究院院长、首席经济学家，如是资本创始合伙人。曾任民生证券副总裁、研究院院长。长期参与政策咨询及决策建议。兼任财政部财政改革发展智库特约专家，财政部和国家发改委PPP专家库双库专家，全国工商联智库委员会委员，国家发改委城市与小城镇中心学术委员，工信部工业经济运行专家咨询委员会委员，首都产业金融创新发展研究中心顾问等。

病毒虽然很微小，但对经济的冲击不容小觑，尤其是在经济下行周期，如此大范围的停工和冻结后，经济传染性也在逐渐显现，特别是现在全球疫情持续升级，影响更超预期。在这样的背景下，稳增长压力加大，逆周期调节会发力，风险加速暴露，需要在稳增长、调结构和防风险三者之间艰难平衡，难度不亚于在刀刃上起舞。虽然刀刃上的增长难度很大，但不能不做。

首先必须承认的是，疫情这只"黑天鹅"对经济造成了全方位的负面影响。疫情不是一个孤立的事件，就像我们常说的，树上100只鸟，开枪打死1只，剩下的肯定不是99只。全国范围大防控，29省市企业延迟复工，超过80%的生产经营停摆，如此大范围的停工和冻结在历史上从未出现过，消费、贸易出口和工业生产、金融市场无一幸免，而且对很多行业的冲击是不可逆的。我们简单估算了各行业在春节期间的损失，零售餐饮8 000亿元、旅游4 100亿元、交通运输1 500亿元、电影70亿元、制造业8 000亿元、房地产1万亿元，合计经济损失超过了3.1万亿元。如果考虑金融业、建筑业、农业等其他行业的损失以及疫情的持续冲击，这一数值只增不减。现在全球疫情升级，会进一步加剧全球供应紧张，出口难言乐观，外部形势会更加严峻，原本脆弱的经济会对外部冲击更加敏感，可以说是雪上加霜。身处这样的大环境中，谁也无法独善其身。

而且可以确定的是，这次疫情比非典的冲击要大得多。2003年经济处于上升期，城镇化、全球化、人口红利同步释放，经济增长动能强劲，最严重的第二季度GDP增速比前后两个季度平均低1.5个百分点，并没有改变上行态势。但现在经济本来就处于下行周期，局势更为严峻，先行指标PMI已出现自由落体式下跌，疫情全球蔓延的二次冲击会严重挑战中国经济的恢复，第一季度经济增速大概率创下改革开放以来新低。短期稳增长压力进一步凸显，远大于1998年亚洲金融危机、2003年非典、2008年全球金融危机。

为对冲疫情影响，全球央行纷纷行动，宽松潮再度来袭，澳大利亚、马来西亚、阿联酋相继降息，美联储也紧急降息50bp，中国虽然还没启动全面降息，但也在酝酿过程中。毕竟经济增长至关重要，非常时期非常手段，一些超常规的刺激手段也是十分必要的，但是也不能都交给中央银行，需要警惕宽松带来的二次冲击。

过去当全球经济再次临近悬崖，中央银行总是"八仙过海"，尽显"英雄本色"。2008年全球金融危机以来，全球金融市场过度依赖中央银行的宽松货币政策。金融市场"绑架"中央银行，结果是金融市场尾大不掉，脱实向虚；中央银行骑虎难下，左右为难。金融市场让中央银行投鼠忌器。越来越多的经济体步入负利率，中美两大经济体也在加速走向低利率和零利率，美国10年期国债收益率首次到1%以下。宽松政策空间即将用尽，效果越来越弱，反应越来越迟钝，催生的资产泡沫、收紧后引爆的雷等副作用也都历历在目。

但长期的宽松政策如同毒品，各国已经上瘾。问题就在于，人们对长期宽松所造成的财富差距、生产率下降以及社会内生性冲突认识很清楚，遇到短期问题又别无选择。解决这些问题不交给中央银行，又能交给谁？人们看到了峭壁，但又义无反顾地奔向它的边缘。

也许，我们真的会面临一个新世界：零利率，人口的低增长以及经济的停滞乃至长期的萧条。可怕的不是这种场景，而是由此带来的失业、社会冲突乃至大国的碰撞。

全球宽松正在进行中，剧情似乎没有什么变化，节奏似乎在加快。我们就像登上了同一辆高速行驶的列车，在到达终点的途中，看谁能够早下车，功成身退。而这样的乘客，一定少之又少。

转回中国，我们怎么办？我们能成为那位功成身退的乘客吗？

面对疫情冲击，宏观政策必须发力，必须有所作为，这是毫无疑问的。这就类似于车在下坡时要适时踩刹车。当遭遇新冠肺炎疫情这样的剧烈颠簸时，油门、离合、刹车和方向盘的配合就更为重要，也需要高超的驾驶技术。

所以，从国家宏观管理的视角，我们一定要警惕日本在"广场协议"之后的重大宏观政策失误，也要弥补我们在政策实施上的短板。短期的政策是为长期的改革争取更多的时间窗口。中国的优势在于，我们依然具备充分的韧性，拥有广阔的市场以及巨大的改革空间。坚定不移的市场化改革依然是我们最强有力的杀手锏。

时至今日，我们似乎又到了一种熟悉的场景：当下的经济形势和金融市场颇似 2009 年或 2014 年。大宽松进行中，人们身处其中。所以，我们看到，在疫情尚未结束时，很多人开始欢呼雀跃，迎接新的资产泡沫到来。但是，吃一堑长一智。必须十分清醒的一点是，如果只是货币推动，那么经济反弹也好，股市上涨也好，往往来得快，去得也快。经历越多，速度越快。虽然人性不变，但历史记忆还是有那么一点的。

　　所以，从企业和投资者的角度，我们一定要吸取前两次的惨痛教训。很多企业和投资者在这两轮中经历过"纸面富贵"，但很多后来深陷泥沼。无论是积极还是消极，都是一种选择。既要审时度势穿越周期，又要修炼心性静观其变。

减轻抗击疫情下的次生经济危害

桑百川

对外经济贸易大学国际经济研究院院长，国家开放研究院研究员，教授、博士生导师。商务部特聘专家，国家社科基金决策咨询点首席专家，国家社科基金重大项目首席专家。中央电视台、中央人民广播电台特约评论员。

在中央统一领导部署下，各地抗击新冠肺炎疫情的工作迅速展开，各级政府部门、社会机构和企事业单位纷纷压实责任，"创造性"地落实防疫部署，实行"网格化"管理，以牺牲经济利益换取人民生命安全，对控制疫情扩散并最终战胜疫情发挥了重要作用。在打赢防疫战的同时，减轻次生性经济灾害至关重要。

一、潜在的次生经济灾害

受疫情以及抗疫中实行迅捷有效的行政命令性垂直化管

理方式影响，面临诸多潜在的次生性经济风险。

第一，制造业下行。在层层加码的"网格化"防疫措施下，人员流动受限，劳动力不能正常出行，许多企业停工、限产，物流中断，劳工成本、物流成本上升，供应链断裂，制造业受到明显冲击，增速放缓甚至下行，大量企业悲观预期上升。

第二，服务业衰退。在防疫战中，旅游、餐饮、交通运输、商业、房地产、文化体育娱乐、居民服务、金融业等非物质生产部门即服务业受损严重，一些行业出现断崖式下滑。旅游业完全冻结，餐饮、酒店门可罗雀，交通运输业客流物流锐减，文化体育娱乐业基本停顿。

第三，金融风险凸显。疫情发生前，为避免发生系统性金融风险，实行去杠杆等金融新政，企业资金链紧张甚至断供现象时有发生，金融风险已经较为严峻，企业融资难、融资贵问题凸显。叠加疫情冲击，企业正常经营活动受限，极易出现更多企业资金周转不灵，加剧债务违约、跑路现象，金融风险不可小觑。

第四，消费增速放缓。受疫情及强制性防控措施影响，居民消费支出大幅下挫，即便疫情结束，居民消费会出现恢复性增长，但防控疫情中许多企业停工或延缓复产，居民收入减少，个人消费支出增速也难以恢复到前期水平。消费降速，将制约国民经济增长。

第五，投资增长乏力。受疫情影响，企业投资活动低迷，新增投资项目大幅减少。其中，中小企业风险承受能力弱，大量调整投资计划，削减投资；一些外资企业为分散风险，减少对中国投资市场的依赖，暂缓或不考虑增加对我国投资。投资进一步放缓，将加大经济下行压力。

第六，出口不容乐观。在疫情中，一方面，国内许多企业无法正常交货，货物出口下挫，服务中断，服务贸易出口下滑。另一方面，许多国家对来自中国的居民采取临时入境限制措施，出口便利化水平大大降低，一些进口商对中国产品退货，或转移订单，使我国货物出口雪上加霜。同时，跨境交付、境外消费、商业存在、自然人流动等使得我国的服务贸易出口锐减。我国作为贸易大国，出口下滑还会产生全球贸易收缩效应。

第七，就业形势严峻。疫情中，企业停工、出行受限，生产和服务领域就业量临时性锐减。经济增速下行中，总体就业机会较少，失业增多。疫情期间正值大学生就业季，大型招工活动基本停顿，毕业生就业难度加大。疫情期间还是一年中农民工进城务工出行季，企业停工、出行受阻冲击着农民工就业。

第八，旧体制复归。以强制性、命令性的行政手段管控疫情可以产生立竿见影的效果。但对经济活动简单粗暴的一关了之、一停了之，割裂了社会经济联系，对经济伤害严重。同时，过度宣传垂直领导体制的制度优势，存在着加剧行政集权的旧体制复归的风险。避免疫情后大量行政手段滥用对市场配置资源决定性作用的破坏，已经成为摆上日程的重要课题。

二、减轻次生经济灾害的对策

防疫战中次生经济灾害的大小，主要取决于疫情的严重程度和持续时间，以及防疫战与各项经济政策的协同。为减轻次生经济灾害，提出以下对策：

第一，推动企业有序复工。根据不同地区疫情状况出台企业复工分类指导意见，按照武汉、湖北其他地区、各省内不同地区疫情的严重程度，制定不同标准的复工条件。除武汉、湖北其他地区外，下沉复工决策权力，取消复工行政审批制度，避免行政审批中层层加码延迟复工，由企业根据复工条件自行决定是否复工，并要求复工企业必须将生产经营与疫情防控有机结合起来，严格落实防控标准。

第二，筹划出台促进消费措施。首先是增加居民可支配收入，包括实现更加宽松的金融政策，稳定股市，避免股民财富大量缩水；鼓励财产性收入，拓宽公众资本性投资渠道，加大支持以资本、技术获得更多收入的力度；鼓励增加就业岗位，增加劳动收入，放宽各企事业单位提高劳动者福利的限制，鼓励企业提高工资奖金和合理的福利发放；下调个人所得税，降低社保负担，提高企业和居民可支配收入。其次是根据疫情受损程度，有序出台系列消费补贴措施，刺激居民消费。

第三，建立更加有力的投资促进体系。实现更加积极的财政政策，建立金融稳定基金，救助因疫情陷入债务违约困局的企业，避免企业大量倒闭破产；建立应对突发公共安全事件的中小企业扶持基金，定向精准帮扶中小企业，增加对中小企业补贴，减免中小企业税费；全面落实《外商投资法》，进一步清理与《外商投资法》相悖的部门规章，完善外资企业营商环境，稳定外商投资预期。

第四，稳定出口预期。加大中国防疫对世界贡献的正面宣传力度，提升中国国际形象，根据疫情变化，适时敦促相关国家取消我国出口产品、人员入境、国际旅游和商务活动等的限制。加强中国国际贸易促进委员会、中国出口信用保险公司的协同，在中国国际贸易促进委员会及时为出口企业提供遭受不可抗力证明的同时，与进口商保持良好沟通，建立中外企业间长期合作方案，发挥政策性出口信用保险功能，降低出口信用保费。

第五，深化体制机制改革。汲取疫情风险扩散教训，改革信息传递机制，保持言路畅通，提高信息公开透明度，发挥媒体、公众批评监督作用。加大财政投入，完善公共卫生、基础医疗、公共安全体系。把行政管控疫情与促进经济发展结合起来，严格区分政府与市场的角色定位，充分保障企业微观主体的自主性，落实市场在资源配置中的决定性作用，释放社会主义市场经济的制度优势。

抗疫情、稳经济、促高质量发展

——突发疫情呼唤中国经济高质量转型升级

王永贵

首都经济贸易大学副校长，教授、博士生导师。国家杰出青年科学基金获得者，教育部"长江学者"特聘教授，国家"万人计划"领军人才。中国企业管理研究会副理事长，教育部高等学校工商管理类专业教学指导委员会委员。

突发疫情不仅改变了中国人的消费方式和生活方式，而且对中国经济及其高质量发展产生了极大影响。随着整体疫情稳中向好的发展，有序分类复工复产和经济发展开始牵动着越来越多国人的神经。

在经历了这次突发疫情之后，我们围绕中国经济发展及其高质量转型升级有哪些特别的经验或教训？中国经济未来的发展走向如何？诚然，本次突发疫情的确让我们遭受了重大损失，但我们也需要正视本次疫情，并借机用好"五面镜子"来客观认识中国经济及其未来走势。

一、用好平面镜，把事情看全

在抗击疫情中要客观真实地认识当前现状，充分认识到抗疫情、稳经济和促高质量发展是中国当前疫情全面阻击战中三项密切关联的核心任务，缺一不可。

本次突发疫情，绝不仅仅是一场割裂的、持续仅一天或两天的新型冠状病毒消灭战，也不仅仅是一线医护人员的战争，更是一场空前绝后的中国经济保卫战，是全国人民齐动员的经济保卫战。为了有效抗击疫情，我们不仅急需大量的医疗设施和医疗物品的供应，也需要保障每一位国人在衣食住行等方面的正常生活需求。这就要求我们必须尽快克服疫情对经济的短期冲击，尽快恢复企业的生产运营、保持经济的稳定发展、促进经济的高质量转型与升级。换句话说，一是抓防控不放松，二是抓经济稳定要重视，三是抓高质量转型与升级要突破。

二、用好显微镜，把事情看透

在抗击疫情中要全面评价和测试中国经济发展中的韧性水平，充分认识和有效强化经济韧性在中国经济高质量转型升级中的地位和作用，以应对未来任何可能突发的、高度不确定的国内外环境。

伴随着国内外政治、经济、社会和技术环境（PEST）等的发展变化，"UCVA"（不确定性、复杂性、动荡性、模糊性）似乎成了当前环境特征的代名词，这就要求我们必须重视并不断提升中国经济发展的韧性，推动中国经济发展的高质量转型与升级。在过去一段时间里，我们也一直是这么做的。从 1997 年的亚洲金融风暴到 2008 年的美国次贷危机，中国每次都能"独善其身"，这充分体现了中国经济的韧性，体现了我国经济政策、经济体制的有效性和灵活性以及中国经济的发展空间。显然，这跟我国近年来各产业链的竞争力、供应链的完备性以及营商环境的改善等方面所取得的进步是分不开的，它们铸就和强化了中国经济发展的韧性。

本次疫情恰恰也深刻地反映出国内外环境中不确定性的真实性和突发性，是对中国经济韧性的一次"大考"和全面"体检"。在疫情初期，不少企业都处于休眠或半休眠状态，难以满足疫情防控所必需的物资供应需求，严重地冲击着中国经济的稳定发展。而且，本次疫情也对全球贸易与投资乃至全球市场的有效供应产生了极大影响，不少企业丢掉了订单，生产规划不得不做出调整。随着中国政府为应对疫情在财政、货币和金融等领域所采取的措施，各地医疗物资和生活物资的相对紧张状况才明显好转，中国经济也开始稳中向好发展。但是，如何有针对性地提高我国的经济韧性，在做好疫情防控的同时，有序复工复产并快速修复区域的、全球的产业供应链生态体系，仍然是我国经济高质量转型升级的重中之重。

三、用好放大镜，把事情看细

在抗击疫情中要深刻认识中国经济发展的短板，并在快速推动中国经济高质量转型升级的过程中，从小处入手。把工作做细并克服短板是我国经济高质量转型升级的关键所在。

在过去几年里，无论是政府机构还是专家学者，都在探索和识别中国经济发展的真正短板，如关键核心技术攻关和新动能培育方面的短板、现代服务业和民生急需领域的短板、实体经济有效投资领域的短板、精准脱贫方面的短板、城乡区域协调发展方面的短板、营商环境优化方面的短板等。更为甚者，中国金融四十人论坛专家曾指出，中国经济的短板不是产业和技术，而是公共服务和公共管理不到位，是城市化进程不到位，是过度管理的服务业部门。结合本次疫情及其防控，我们不得不说，精准识别并有效补齐中国经济发展中的其他短板，依然是我国经济高质量转型升级的关键所在。

为此，做强、做优、做大实体经济，坚决防止实体经济的空心化、边缘化、低端化，大力发展具有国际竞争力的现代服务业和营造宜人的营商环境，仍然是当前最重要的微观基础。我们必须坚定地推进国有企业改革，促进民营企业发展，积极探索有效培育并发挥企业家精神的体制和机制，在减税降费等相关救市政策的出台中多倾听企业家的中肯意见，并利用大数据等相关技术对政策的实施效果进行实时监督，在第一时间做出优化。例如，各地政府为应对疫情纷纷出台了一系列政策以帮助中小企业共渡难关。其中，有的鼓励国有单位减免中小企业的房租，但不少中小企业事实上并没有得到任何实惠，减免的房租哪里去了？被中介或承包商无情地截留了。

四、用好望远镜，把事情看远

在抗击疫情中要前瞻性地看待中国经济高质量转型升级的使命和未来，并顺应国内外大势，采取有效措施全力推进中国经济向数字化、智能化、消费化和服务化四个转型不动摇。

一方面，数字化与智能化已成为一种全球化趋势，正在推动传统经济快速走向数字经济和智能经济。为此，中国政府也先后出台了《中华人民共和国国民经济和社会发展第十三个五年规划纲要》（简称"十三五"规划纲要）、《"十三五"国家信息化规划》、《中国制造2025》和"一带一路"倡议等一系列重要文件，并取得了一系列标志性成就。工业互联网以及"ABCDE"（人工智能、区块链、云计算、大数据和新兴技术），似乎也成了当前高质量发展的代名词。可以说，信息化、数字化、智能化、网络化、服务化正改变着越来越多的中国企业、产业乃至地区的发展。

另一方面，本次疫情对中国经济和企业经营都造成了不小的伤害，但也从某种程度上推动并催化了中国经济的高质量转型升级。例如，不聚会、少出门、戴口罩、勤洗手等家喻户晓的防护要求虽然彻底打乱了餐饮、旅游、影视、健身、交通、酒店、娱乐、零售等企业的发展节奏和生存场景，但也迫使越来越多的中国企业积极拥抱新技术、新业态、新模式和新的弹性工作方式等，加速了我国企业在数字化和智能化以及服务化方面的转型升级，原来的"面对面"和"手牵手"已经被"云操作""屏对屏""线连线"所取代，从而有力地推动了实体经济与数字技术的深度融合。因此，如何审时度势、利用一切可以利用的机遇加快推动中国经济向数字化和智能化转型，就变得十分重要。

同时，我们必须"不忘初心，牢记使命"，始终确保中国经济高质量转型升级是在有效解决"人民日益增长的美好生活需要和不平衡不充分的发展之间的矛盾"中进行的，努力提高中国经济更好地服务中国人民美好生活的需要。而且，要改变中国经济增长对投资驱动和贸易驱动的依赖，也必须深化和提升消费驱动模式在中国经济高质量发展中的战略作用。因此，数字化和智能化转型更多的是技术、手段和形式，而服务化和消费化转型才是中国经济高质量发展的初衷和动力源泉。为此，我们必须反思和推动"有形的手"和"无形的手"共同发力，处理好政府和市场的关系，更好地发挥政府的作用和创新政府的服务水平，在充分发挥市场在资源配置中的决定性作用的过程中，真正做到重视人才、培养人才、用好人才，为各类人才干事创业搭建广阔舞台、创造宽松环境、优化激励制度、完善容错纠错机制。

五、用好哈哈镜，把事情看好

在抗击疫情中要看到风险和挑战，更要看到各种有利条件和疫情发展趋于平稳的现实，坚定信心、众志成城，在以习近平同志为核心的党中央的坚强领导下，利用一切可以利用的力量，抓住有利机遇，在打赢这场疫情阻击战的同时，使中国经济高质量转型升级的实践迈向新的历史高度。

应对危机的熊彼特、新熊彼特和后熊彼特对策

陈 劲

清华大学经济管理学院创新创业与战略系教授、博士生导师，清华大学技术创新研究中心主任，国家杰出青年科学基金获得者，教育部"长江学者"特聘教授，教育部科技委管理学部委员，《国际创新研究》主编，《清华管理评论》执行主编。

突如其来的新冠肺炎疫情无疑对中国社会和经济乃至全球产生了严重影响。从中国 2003 年的非典到 2020 年的新冠肺炎，两次危机提醒我们需要进一步关注高危扩散性传染疾病的防治，并且更加重视公共卫生事业的发展。2020 年 2 月 14 日，习近平总书记强调，"确保人民群众生命安全和身体健康，是我们党治国理政的一项重大任务"，并指出，要进一步"完善重大疫情防控体制机制，健全国家公共卫生应急管理体系"。我们坚信在党中央的正确领导下，本次疫情定将得到有效控制，期待我国今后在重大病毒控制、重大疾病防治的创

新发展方面取得更大突破。

疫情之后，如何实现经济的稳定增长以及推动经济高质量发展，是我国经济发展面临的两个关键议题。

面对突发事件，静态和均衡的经济思想尚无法有效指导我国的经济发展，我们应从动态、非均衡的经济理论中汲取智慧。在众多国内外经济学家中，熊彼特无疑是动态、非均衡经济理论的典型人物。历史证明，凯恩斯"治疗""大萧条"的奇思妙策于岁月实践中累积的负效应逐渐显现但其自身又无法克服，而熊彼特关于经济危机的阐释具有更加深刻的洞见力，其学说的学术解释力历久弥新。熊彼特在保持对新古典主义的清醒认识、延续奥地利学派的知识传统的基础上，难能可贵地提出了一个国家经济增长的核心是创新，即企业家不断地"对生产要素的新组合"形成的"创造性变革"，这种企业家"不间断的创新行为"就是应对危机的根本对策。

应对危机，国家应进一步鼓励企业家的原始创新创业动力，因为他们有"梦想和意志"，对利润"有胜利的热情"，心中拥有"一个无所不在的动机——创造的喜悦"，且有"坚强的意志"。所有真正的企业家都是新事业的开拓者。

因此，各级政府要进一步尊重企业家才能，有效发挥他们在应对危机方面的主观能动性，进一步完善区域创新创业环境，让具有爱国主义情怀、持续创新精神、强大社会责任感的企业家脱颖而出，积极探索生产自救、经营转型、效益提升的有效方式，实现基于韧性的逆势增长。

熊彼特经济思想虽然十分新颖，但仍忽视了技术创新的源泉是科学技术的公共供给。以弗里曼为代表的新熊彼特主义者认为，政府的科学技术政策才是对技术创新起最重要作用的因素，即政府应扶持、资助和鼓励基础技术所依赖的发明与创新；强调政府政策要以长远考虑为基础，注重研究和发展问题，并在基础创新产生后，重视推动和促进其进一步传播。因此，新熊彼特主义的主要观点是，科技政策→技术创新→经济增长→社会就业。在对各国经济长波解释的逻辑链中，科技政策是一个根本性影响因素。

基于此，中国应充分发挥新型举国体制的社会主义优势，积极发挥科技政策的作用，培育好面向公共卫生这一领域的"创新公地"。如尽快组建更多具有战略性、公益性的国家实验室和国家重点实验室，组建高水平的公共卫生领域的知识库，打造高效的公共卫生知识产权流转平台，加强公共卫生的科学普及工作等。新近各大高校推出的免费网络公开课程、各大出版社推出的免费图书期刊阅读，对进一步完善企业家的科技素养，培养更多的聚焦于科技创新的新型企业家，具有重要的支撑作用。

熊彼特理论的另外一个不足是，认为生产者是创新的唯一主体。生产者创新模式的流行导致了一系列的后果，不仅催生了基于生产者激励理论的公共政策，也由此产生了知识产权系统，在一定程度上赋予了生产者垄断创新的权利。但是生产者视角所代表的封闭垄断式的创新，极大限制了诺贝尔经济学奖得主菲尔普斯所强调的"创新活动的广度"，抑制了创新能带来的社会活力和发展动力。麻省理工学院冯·希伯尔提出的用户创新理论，摒弃了少数精英企业家是创新源泉的单一模式，鲜明地提出企业外部的用户可能成为创新的来源。虽然企业的内部研发部门都是由行业专家和精英组成的，但是他们依然需要广泛地获取组织边界之外散布在不同大脑中的隐性知识，这就极大推进了创新民主化思潮的发展。

以冯·希伯尔为代表的后熊彼特主义的核心要义是，必须把对创新主体的定义从生产者及其周边群体扩展到广泛的社会群体，关注通过开放合作形成由社群组织起来的群众或者用户自由创新的新型创新活动，从而激发全社会创新的活力，带来经济发展和社会福利创造的同步实现。

后熊彼特主义思想还应关注、重视劳动群众的创新活动。如上所述，熊彼特对创新主体的定义是狭隘的，他所指的创新主体仅仅是企业家，也就是"实现新组合的人"，这种观点显然是狭隘的。实际上创新主体首先应是工人（含总体工人中的科技劳动者和一般经营管理劳动者）。马克思通过对资本主义体制的分析认为，克服资本主义弊病的力量在于工人，在马克思的理论里，人（工人）一跃成为经济学体系里的中心。

因此，应对危机，我国还应进一步鼓励具有自我创新与探索能力的用户创新，如在长期的文明进化中提炼出的许多宝贵的来自民间的中医药智慧，就是用户创新的最佳案例。在鼓励企业家创新、加大科技创新投入的基础上，进一步关注劳动群众的创造性、家庭经济模式的有效性，有效鼓励家庭和个人在新型电子商务、新型通信平台上的创新创业活动。在新的经济统计分析中，要重视家庭经济和个人创业的经济产出和贡献，这既规避了因对经济的不合理的悲观估计而产生错误的经济、金融政策设计的风险，又为充分发挥信息经济场景下的自我雇佣、自主创造、自主营销的新型经济范式提供了新的政策视野。

应急管理视角下的中国疫情防控体系

——如何加强疫情风险防范机制建设？

薛　澜

清华大学苏世民书院院长，清华大学文科资深教授、博士生导师，清华大学中国工程科技发展战略研究院副院长，清华大学中国科技政策研究中心主任。

新冠肺炎疫情很快蔓延到全国各地及世界上众多国家，一下子把中国公共卫生的应急管理体系和能力推上了风口浪尖。全国各地纷纷启动一级公共卫生突发事件应急响应，确保在湖北之外的其他省份不会出现规模性扩散。党中央成立领导小组，国务院启动联防联控机制，发挥中国体制优势，调动全国各地的医疗卫生资源，全力支持武汉和湖北抗击新冠肺炎疫情的阻击战。

2020 年 2 月 3 日，中央政治局开会讨论疫情防控工作时强调，这次疫情是对我国治理体系和能力的一次大考，我们一定要总结经验、吸取教训。要针对这次疫情应对中暴露出来的短板和不足，健全国家应急管理体系，提高处理急难险重任务能力。虽然现在疫情尚未结束，但及时启动对本次疫情应对的分析与反思，能够让我们更加真切地感受到这种分析与反思的重要性和必要性，让我们更加珍惜把用鲜血和生命换来的经验教训转化为推动社会发展进步的机会。

危机管理领域有著名的"6个月法则"，指的是在重大危机事件后有一个为期6个月的时间段，痛定思痛，可以推动从危机学习后需要进行的改革，过了这个时间段，恢复原状，再想推动改革就很难了。

本次中国迎战新冠肺炎疫情，已经是进入新世纪前20年中的第三次重大疫情，前两次包括2003年的非典和2009年的甲型H1N1流感。在2003年取得抗击非典胜利后，党和国家全面加强应急管理工作，大力推进以"一案三制"（应急预案和应急管理体制、机制、法制）为核心内容的中国应急管理体系建设，实现了中国应急管理体系建设的历史性跨越，也推进了中国疾病防控体系的长足发展。这次新冠肺炎疫情再次把中国疾病防控体系仍然存在的问题和短板暴露在全社会面前，给我们提供了重要的学习机会，认真分析中国疾病防控体系存在的种种问题及其背后的体制、机制性原因，为我们推进下一步制度性改革提供了重要的依据。由于篇幅的限制，下面我重点从风险防范的角度来分析中国的疫情防范机制有哪些值得吸取教训的地方。

经过多年建设，中国的疾病风险防范机制建设取得了长足进步，为全国人民的身体健康提供了重要保障。但此次新冠肺炎疫情让我们看到了中国在重大疫情防控方面仍然存在严重短板，尤其是在风险防范方面，包括风险认知渠道单一、风险研判机制不清、风险预警机制失灵等问题。这些问题的存在及其形成的行为链条，导致我们错失了及早发现并控制此次疫情的机会。

（1）风险认知。现代社会从本质上也是风险社会。由各种传染病带来的公共健康风险对于全世界都是一个重大挑战。随着各国工业化、城镇化、国际化进程的不断加快，各种传染病传播流行的风险也在提高。正因如此，各国在现代化进程中都建立了各种健康风险认知体系，包括对各种风险信号的捕捉、分析研判及采取相应的对策。例如，各个国家的疾病控制体系，尤其是遍布基层的哨所医院，就是卫生领域的风险认知主渠道，希望通过早期识别传染病的案例和及时控制来避免传染病的流行。同时，在今天信息技术高度发达的社会里，社交媒体等各种沟通交流渠道也提供了大量基层一线、前沿鲜活的信息，为及时捕捉各种传染病风险提供了重要补充。例如，谷歌公司就曾利用其流感趋势分析软件，在2009年甲型H1N1流感大流行的几个星期前就从人们对流感信息的搜索中预测到了大流感即将到来。

2003年非典和2009年甲型H1N1流感之后，中国在疾控体系和风险防范机制建设方面做了大量工作，取得了重要进展。从本次新冠肺炎疫情时间梳理来看，地方和国家疾控部门在2019年12月下旬就已得到预警并开始了流行病学调查,并在 2020 年 1 月初向世界卫生组织和相关国家通报了疫情。但令人遗憾的是,随后的一段时间内,这条主渠道没有继续发挥作用,而社交媒体等其他风险认知的补充渠道也被人为封闭,使得我们最终失去了防止疫情大规模扩散的最佳时机! 这个教训是惨痛的!

(2)风险研判。风险综合研判机制不清是本次疫情防控的另外一个令人遗憾的地方。重大传染病流行的风险综合研判应当是一个规范的科学分析过程,需要包括病理学、流行病、临床治疗、社会学、公共管理等多领域专家,运用已有科学知识对收集到的风险信号的潜在危害做出综合分析判断,并正式提交政府相关部门。由于疫情初期信息不全、不准确,这种分析判断也具有一定的不确定性,很有可能是若干场景以及出现概率的判断。这样的综合研判是政府相关部门采取干预政策的重要基础。

从目前媒体披露的情况看,虽然国家卫健委派出专家组到武汉收集信息,了解情况,提供指导,但由于国家层面的专家组在风险研判中的定位不清,导致专家组缺乏收集各种信息的强制性,信息收集不全、不准确,影响了国家专家组对问题的分析判断。同时,没有看到一个结合国家和当地专家联合形成的综合风险研判机制发挥作用,给地方政府提出正式意见建议,错失了另一个早期发现、早期治理的重要时机。

(3)风险预警。风险预警失灵也是本次疫情防控早期失误的另一值得反思的问题。虽然《中华人民共和国传染病防治法》中对传染病疫情信息明确规定由国务院卫生行政部门负责向社会公布（可以授权地方发布），但《中华人民共和国突发事件应对法》第四十三条规定，当"可以预警的自然灾害、事故灾难或者公共卫生事件即将发生或者发生的可能性增大时，县级以上地方各级人民政府应当根据有关法律、行政法规和国务院规定的权限和程序，发布相应级别的警报，决定并宣布有关地区进入预警期"。可是除了台风预警外，很少有地方政府来行使这个预警权力。这其实又涉及一个更大的行政文化问题，我们是厌恶风险的，不愿意坦诚面对风险和不利情况。这也是导致地方政府没有及时发布预警背后的深层次原因之一。

如何加强重大疫情风险防范体系建设？习近平新时代应急管理思想的核心内容之一，就是要坚持以防为主，防抗救相结合的原则，着力防范化解重大风险。未来国家在疫情风险防范体系建设方面有几项重点工作需要考虑：

（1）转变观念，加强风险评估，提高风险防范意识。这次新冠肺炎疫情的重要教训之一，就是要在各级党政干部中树立清醒的风险意识，对国家、地方、行业层面的各种风险因素进行系统的分析和评估，采取具体措施来化解降低各类风险。

（2）完善风险认知渠道，增强风险认知系统的丰富程度和灵敏程度。中国社会已经进入 5G 时代，各种社交媒体的流行导致社会信息流通传播的方式发生了天翻地覆的变化，仅仅依靠传统的行政渠道收集风险信息已经远远不够。要充分认识合理开放的社交媒体对补充完善传统行政渠道的重要意义。同时，也必须在开放的环境下，培养社会公众对社交媒体各种信息真伪良莠的鉴别能力。

（3）在重要专业领域的风险治理体系中，要建立规范的风险研判机制。在公共卫生等专业性较强的领域中，要明确建立规范的综合性风险研判机制，确保不同领域的专家有充分的机会表达意见，在此基础上形成专家组的集体建议，为行政部门的科学决策提供依据。

（4）加强风险预警机制建设。要进一步强调属地责任，下放应急管理权限，地方政府应承担起风险预警的责任，敢于在面临风险时发出预警，提醒社会和公众配合政府采取更加主动的措施，将风险消灭在萌芽之中，为确保国家的长治久安做出贡献。

新冠肺炎疫情对实现全面脱贫的影响及危中之机

陆　铭

上海交通大学安泰经济与管理学院特聘教授，中国发展研究院执行院长，中国城市治理研究院研究员。

新冠肺炎疫情肆虐中华大地，对经济发展产生了不可低估的影响，也对实现全面脱贫的目标形成了负面冲击。如果政策层面能够科学理性地看待这场疫情的短期和长期影响，采取积极应对政策，有可能化危机为机遇，推动下一阶段高质量发展，并对全面脱贫形成更为长效的机制。

一、新冠肺炎疫情对全面脱贫的直接影响

自新冠肺炎疫情发生以来，全国各地在不同程度上采取了阻断人流和物流的防疫措施。这些措施对于防控疫情

起到了积极作用，但是客观上也对生产生活形成了负面冲击。

受新冠肺炎疫情影响特别大的是服务业，而在城市餐饮、娱乐、文化等消费性服务业中有大量的工作人员收入不高，其中又有大量工作人员属于跨地区就业的农村进城务工人员。

春节之后，全国各地延迟复工，而随着疫情的好转，复工已经开始。但是由于各个地方人流和物流的不畅，出现了一些外出打工者想出出不来，即使出来了，又在工作地进不去的现象。

一份针对打工者的调研报告显示，有大量准备外出或已经外出的务工人员身边的收入仅够支撑几天到一周的生活。一些在春节期间由于整个湖北无法进入而突然无法回家的务工人员，最近一段时间已经耗尽了自己的收入。这些现象已经事实上造成了贫困人口的增加，而这部分人口常常又不被城市的失业保险体系、最低生活保障制度和廉租房、公租房体系所覆盖。

虽然受到疫情冲击的人口主要是劳动力人口，一旦疫情过去，他们找到工作，贫困问题就可以缓解，但是即使是暂时性的贫困，也可能成为社会公众不满的原因。值得注意的是，对于贫困地区的家庭来讲，如果外出打工的家庭支柱没有收入，就可能使得整个家庭陷入贫困。

值得重视的是一些从事餐饮、养殖、运输以及大文旅产业内的个体工商户。这部分群体原来并不属于贫困人口，但是在疫情期间，他们或者因为市场消费量急剧缩减，或者因为物流不畅影响生产，而同时又负担着房租、贷款等多方面压力，因此可能产生一批数量不可低估的亏损甚至破产者，成为新增贫困人口。

二、新冠肺炎疫情的间接影响

新冠肺炎疫情除了直接对经济增长和就业产生负面冲击，并威胁全面脱贫的目标之外，还有一些可能存在的对于经济和社会的中长期负面影响，间接影响全面脱贫目标的实现。

第一，2019年8月26日，中央财经委员会第五次会议决定，按照客观经济规律调整完善区域政策体系，发挥各地区比较优势，促进各类要素合理流动和高效集聚，增强中心城市和城市群等经济发展优势区域的经济和人口承载能力。但是此次疫情的发生在民间引起了一些对于发展大城市的忧虑，如果这种忧虑蔓延开来，甚至成为阻碍户籍制度等相关改革的借口，就可能阻碍中国城市化进程和各类要素合理流动、高效集聚。

第二，在疫情防控期间，由于全国各地纷纷采取了较高级别的应急响应措施，整个应对手段非常有效。但值得注意的是，疫情防控期间也有一些极端化的做法，甚至存在侵害个人财产权利、隐私权利、阻断交通等违法的可能，引起了社会各界的担忧。如果这些做法被延续甚至常规化，有可能会危害到市场经济和民主法制的建设。

第三，由于中国已经在全球产业链中居于非常重要的地位，因此，此次疫情的爆发，对于全球产业链产生了不可低估的冲击。笔者已经注意到，一些企业开始考虑是否需要对自己所处的产业链在中国以外的地方多元化布局。如果这些忧虑成为现实，有可能对中国制造业形成冲击，并影响相关行业和企业的就业需求。

第四，在疫情防控期间，一些地方基层政府和部分民众对湖北籍特别是武汉籍人士采取了一些带有地域歧视性的做法。这种做法在短期内不利于湖北特别是武汉的劳动力的就业与收入，从长期来讲，如果对地域歧视的做法保持沉默，很可能对整个中国的劳动力市场产生影响。

三、化危为机的应对政策建议

第一，对全面脱贫的相关政策体系和工作重点进行调整。世界各国扶贫工作都是持续性的，中国也应适时将全面脱贫中减少绝对贫困目标，调整为持续扶贫工作的减少相对贫困目标。对于脱贫工作的方式，减少过度行政化的扶贫工作，调整为更加依赖市场手段，更多关注相对贫困人口就业和收入增长。对于由于重大自然灾害和公共安全事件导致的经济负面冲击和暂时性贫困增加，加强相应政策体系的研究和制定，作为整个国家治理中风险防控和国家安全体系的一部分。

第二，在短期内采取经济层面的应急措施，帮助企业和个人渡过危机。随着疫情的危重程度得到缓解，尽快恢复正常的生产和生活。除了已经公布的减免税收和社保缴纳的措施之外，建议借此机会加强对于公积金制度存在的必要性和合理性的研究。笔者的建议是借此机会取消既有的公积金制度，减轻企业负担，提振居民收入和消费。对于受到疫情较大冲击的中小企业和个体工商户，采取特别的金融和财政扶持政策。

第三，在科学预测人口空间分布的基础上，在人口流入地进行公共服务和基础设施补短板，增强中心城市及周边地区的经济和人口承载力；在人口流出地进行公共服务均等化的投资，重点投向医疗和公共卫生领域。与此同时，借此机会对医疗和公共卫生领域从业人员的薪酬体系进行改革，提高医务人员的待遇。在相关投资方面，进一步鼓励社会各类资本投资于大健康相关领域，增加全社会总供给。在公共投资方面，对医疗卫生领域优先安排。对于人口流入地的相关投资，放松地方政府债务限额的管制，优先安排建设用地指标。在国家层面，建议发行专项债，针对医疗和公共卫生甚至整个有利于补短板的公共事业进行投资。

第四，在人口流入地进行补短板投资的同时，加快外来常住人口市民化和安居乐业的进程。在自愿的基础上促进举家迁移，并且基于居住年限和就业年限在常住地市民化，减少因为制度性因素造成的流动人口规模。尽快将在城市无本地户籍的人口纳入本地社会保障系统之内，以使暂时性贫困能够得到有效救助。

第五，以壮士断腕的精神，对于本次疫情爆发和防控过

程中体现出来的国家治理体系和治理能力问题，进行深刻反
思和改革。坚定不移地推进和完善市场经济体制和民主法制
建设。明确向国内外社会各界表达，在疫情防控期间采取的
非常规手段不会影响改革开放的进程，以消除对于中国经济
社会发展前景的各种担忧。

疫情发生与防治中的短板、长板及公共经济学思考

陈　宪　　上海交通大学安泰经济与管理学院教授，中国城市治理研究院嘉华教授、博士生导师。上海交通大学经济学院原执行院长，国务院政府特殊津贴专家。主要的教学与研究领域：宏观经济学，公共经济学，服务经济与贸易。

到本文截稿时为止，新冠肺炎疫情大致可分为两个阶段。这两个阶段划分的时点是 2020 年 1 月 20 日，中国工程院院士钟南山通过中央电视台确认新冠病毒"人传人"。据此，姑且称第一个阶段为发生阶段，第二个阶段为（大规模）防治阶段。

2020 年 2 月 14 日下午，习近平总书记主持召开中央全面深化改革委员会第十二次会议并发表重要讲话，特别强调：要放眼长远，总结经验、吸取教训，针对这次疫情暴露出来的短板和不足，抓紧补短板、堵漏洞、强弱项，该坚持的坚持，该完善的完善，该建立的建立，该落实的落实，完善重

大疫情防控体制机制，健全国家公共卫生应急管理体系。根据上述两阶段的划分，在发生阶段，比较明显地暴露了我们的短板；在防治阶段，尽管存在早期防控措施没有及时到位的问题，但整体上表现出我们的长板，是不争的事实。短板和长板各自的表现和原因值得做多角度分析，并由此提出有针对性的建议。

一、发生阶段的短板及分析

发生阶段的短板，集中表现在预警滞后，也即应急反应滞后。这直接影响了防控和防治的及时跟进，进而在难以估量的程度上扩大了疫情规模，并使后续不得不采取更加严厉的带来较大后遗症的措施。

必须承认，因为认识事物尤其是未知事物，政策措施的研究与决策以及政策措施起作用，客观上都存在不同时长的时滞，进而导致在政策措施的出台和效果的不同时段发生滞后。这就是所谓的"政策实施效应的时滞"（简称"政策时滞"）。简要的解释是，一项政策（包括行政性措施）从制定、实施到发挥效应，需要一个或长或短的过程。时滞可分为内部时滞和外部时滞。前者指认识时滞和决策时滞；后者指操作时滞和市场或社会反应时滞。

不同的公共事项和公共事件，对时滞有着完全不同的要求。一些重大公共事项，如重大工程，用较长的时间去认识和决策，避免决策失误，能够最终产生社会福利最大化的实际效果。一些重大公共事件，尤其是重大公共卫生事件，就需要在尽可能短的时间内做出判断、加以处置。这些事件往往人命关天，稍有怠慢，反应滞后，就会造成人民生命财产的重大损失。这次疫情的爆发就是如此。当然，在短时间内做出判断和决策，可能产生偏差，但只要根据事件性质，以保证人民生命财产损失最小为前提，即便有其他的代价，也都是可以接受的。

经验表明，在现实的经济社会生活中，经常会由于程序性的原因导致政策时滞。有些是不可避免的，有些则可以在非常时期做出变通，以降低时滞的时长。这就对领导者的决断能力提出了较高的要求。所以，我们现在将领导者处理复杂事件的能力作为选用的一个必选项，要求他们具备这个能力。同时，各国都会因为现行制度的不完善，相关设置和安排存在缺失，导致体制性政策时滞。降低体制性政策时滞的主要措施是全面深化改革。在防控疫情的关键时刻，习近平总书记主持召开中央全面深化改革委员会会议，提出并讨论克服这个方面的短板，就生动地证明了这一点。出现体制性政策时滞还有观念的问题。有些领导干部唯书唯上，难免导致该决策时不决策，该担责时不担责，出现政策时滞。可见，还需要继续加大力气学习，落实实事求是的思想路线。

二、防治阶段的长板及完善

如上所述，在防治阶段的早期，由于严厉的防控措施没有及时到位，出现社区病例难以得到迅速救治，医务人员受到感染的病例过多，以及重症病例收治住院的时间过长等情况。这些问题也足够严重，需要深刻反思，总结教训。然而，从防治防控全局来看，这个阶段充分体现了我国的制度优势，做到了有效动员和组织资源，政令畅通，集中优势兵力围剿疫情等。防治阶段的长板主要表现在以下方面：

第一，坚持党的集中统一领导是防治阶段的根本优势。坚持中国共产党的集中统一领导是我国国家制度和国家治理体系的显著优势，也是防治新冠肺炎这种突发性传染病的最大优势。目前在防治新冠肺炎疫情中取得的成效，与党的高度重视和坚强领导密不可分。面对新冠肺炎疫情的蔓延，习近平总书记亲自部署防治工作，主持召开会议成立中央应对新型冠状病毒感染肺炎疫情工作领导小组（简称中央应对疫情工作领导小组），多次开展相关调研，主持召开相关会议并发表重要讲话。各级党委按照党中央的部署，充分发挥党在新冠肺炎疫情工作中的领导作用，确保党中央重大决策部署贯彻落实。

第二，部门联动、对口支援、高效执行的体制机制是防治阶段的重要保障。作为突发重大公共卫生事件，新冠肺炎疫情防控是一项系统工程，仅靠某个部门单打独斗行不通，需要党政各部门协同合作、高效执行的体制机制作为保障。疫情爆发以来，国家卫生健康委员会牵头成立国务院应对新冠肺炎疫情联防联控机制（简称联防联控机制），成员单位共32个。联防联控机制下设多个工作组，明确职责，分工协作，形成防控疫情的有效合力。各省、市、自治区党委和政府的新冠肺炎疫情防控工作领导小组则高效执行中央的决定，争分夺秒打赢疫情防控阻击战。与此同时，类似汶川地震时的做法，各省、市、自治区按照中央的部署，对口支援湖北疫情严重的相关城市，在这次防治疫情中也发挥了至关重要的作用。

第三，紧紧依靠人民群众是防治阶段的力量之源。人民群众是坚决打赢新冠肺炎疫情阻击战的最大依靠，防控疫情必须继续打好人民战争。在党和政府的大力号召下，广大人民群众纷纷响应，积极投身到疫情防控的战斗中，从领导干部到普通党员，从医务工作者、人民子弟兵、科研技术人员到一线职工、工地工人、普通百姓，都纷纷加入抗击疫情的大军，全民参与、全员防控，人民群众正汇聚起齐心战"疫"、全力攻坚的"硬核"力量。

在肯定体制优势、制度优势的长板的同时，也要反思，为什么我们的体制优势和制度优势往往在处置已经爆发的重大突发性、灾害性事件时表现得更为有效，而在常态下，在体制内仍然会出现形式主义、官僚主义，缺乏自我反思、自我警醒，文过饰非、报喜不报忧等陋习，它们时常在影响和干扰着我们的工作，严重时就会酿成处理公共事件的重大失误。在总结这场疫情的深刻教训的时候，要深入开展与这些陋习的斗争，不断完善我们的体制优势和制度优势。

三、疫情的公共经济学思考

通过上述对短板和长板的分析，以及对公共卫生体系和疫情造成影响等方面的反思，我拟从公共经济学的视角——

公共物品、信息对称和负外部性等，进一步总结教训，并提出相关建议。

1. 建立"自下而上"的公共（卫生）信息传输渠道，杜绝再次发生重大公共（卫生）事件应急反应滞后的问题

就像 2003 年非典和 2008 年金融危机过后社会经济生活发生深刻变化一样，这场疫情发生之后，也一定会使我们的国家发生新的多方面变化。我认为，其中一个变化就是，国家治理、社会治理以"自上而下"为主导的格局，将转变为"自上而下"与"自下而上"在不同领域发挥各自作用，"自上而下"以"自下而上"为基础，二者共同成为国家治理和社会治理有效方式的格局。

"自下而上"讲的是信息对称的问题，是组织效能的问题，进而是治理体系和能力的问题。我们可以比较清晰地看到，在中国，有些事——党的领导、国家主权和政令畅通等，必须"自上而下"；另一些事，像民生、民情和民意，以及涉及社会治理、公共卫生治理的那些事，"自下而上"效果更好。就像这次疫情在刚刚出现时，八位知情医生在专业范围讨论疫情，竟被警方定性为传谣，遭到传唤。同时，网上相关帖子均被删除，这就堵塞了"自下而上"的正常的信息传输，进而导致人为的信息不对称。大家设想，如果当时这八位医生的意见得到关注，及时采取必要的措施，疫情蔓延就可能在比较短的时间、比较小的范围得到控制。因此，这件事在成为公共卫生治理经典案例的同时，也将成为推动中国社会"自下而上"建立信息对称机制的新开端。

2. 确立"公共卫生一如国防，是纯公共品"的指导思想，重建和优化公共卫生体系

公共卫生是具有非排他性（技术上或制度安排上无法排除一个人享用该物品）和非竞争性（每个人享用该物品的平均效用是相等的）的（纯）公共品，就像一个国家的国防。然而，这一定性在现实生活中并不总是得到彻底贯彻。公共卫生体系建设是一个综合性很强的话题，这里从投入及其效率的角度提出若干建议。

作为公共品的公共卫生，理应由国家无条件投入。但是，这类开支如同国防一样，只有当战争爆发时，才会直观体现投入价值，继而刺激经费大幅增加。医疗卫生资源的有限性和公众医疗卫生需求的无限性，永远是最根本的矛盾。这就涉及资源在投入和分配时会有侧重、分阶段地投入。资金优先投入到治疗环节，保障生病患者解决就医问题，是最能体现改革成效的一项举措。而上游的预防环节，工作做得越好，反而越太平无事——难以量化评估其成效，让公共卫生和疾控系统再一次成为被冷落的角色。资源配置失衡的直接结果，是导致公共卫生体系中人才尤其是高端人才不足。疫情过后，无疑会加大投入，更要加大人才队伍建设的投入。

公共卫生体系的投入效率，在很大程度上是由该体系的系统化、制度化水平决定的。此次疫情过后，要从制度化建设入手，以各级疾控中心从事业单位转回行政单位为切入点，重新考虑公共卫生体系的央地关系，特别要加强基层疾控中心建设，并在各级疾控中心设立首席专家制度，全面提升公

共卫生体系的治理能力和治理水平。

3.如同将生态环境治理作为一场攻坚战一样，从现在开始，打响公共卫生治理的攻坚战，将公共卫生事件可能造成的负外部性降到最小

生态环境的负外部性，如雾霾、废水和噪声，每天都可以看到、听到，而公共卫生的负外部性，要当传染病流行、疫情爆发时，才被人们所感知、所重视。因此，我建议：

第一，此"疫"过后，将公共卫生体系建设和公共卫生治理能力提升作为第四大攻坚战，与防范化解重大风险、精准脱贫、污染防治三大攻坚战并列，提高各级政府和全体人民对公共卫生治理的重视程度，以期全面落实相关的建设与治理措施。

第二，有专家建议，设立全国性"防疫日"。我认为，由于公共卫生治理需要警钟长鸣，需要全民参与，所以以设立"防疫周"甚至"防疫月"为宜，时间可定在每年的12月或其中的一周。

第三，公共卫生治理具有极强的综合性和专业性，远超单纯的医疗卫生范畴。除了医疗卫生和科研系统外，其广泛连接公共管理、应急保障、文化教育、体育运动、舆论宣传、街道社区、环卫城建等多个社会治理分支机构和环节。因此，要从专业的综合治理角度，在即将到来的"十四五"规划中做出专项发展规划，全面提高我国公共卫生体系建设水平。

消除"忽视—恐慌"
是应对突发疫情的关键

金 碚

中国社会科学院学部委员，教授、博士生导师，中国经营报社社长，郑州大学商学院院长。曾任中国社会科学院工业经济研究所所长。

一、最大的威胁不是病毒，而是"忽视—恐慌"

人类不可能完全消灭病毒，永远会同病毒共存。病毒要以人体为其寄生环境（宿主），而人类有自己的免疫力抵抗病毒的入侵和损害。大多数病毒性传染病为"自限性疾病"，在同人类的"感染—免疫"较量中各有胜负。这是生物医学和卫生医疗舞台中的永恒情节。

但是，一般民众对此的认知却并不是这样。他们往往把情况分为没有病毒威胁和发生病毒威胁两种状态。当认为没有病毒威胁时，往往会忽视出现的感染病例；而当认为正发生病毒威胁时，往往过度敏感，各种媒体聚焦，产生弥漫性的社会恐慌。恐慌情绪导致行为变形，举措失误，甚至破坏法制，以"抗疫"为由而任意过度管制、限制、封堵等，甚至导致暴力现象。

在现代社会之前，发生重大疫情，病毒本身对人的生命直接威胁很大，致死率非常高。而现代社会，科学理性和医学进步，大大降低了病毒对人类生命的直接威胁，而社会恐慌导致的经济社会运转失序所造成的威胁和损失可能更大。

二、必须慎择强制性非常措施

由于存在上述"忽视—恐慌"的群体性行为偏向，人们把防疫视为疫情爆发时的"战争"，必须采用非常手段，不惜代价地做出激烈反应，包括实行各种强制性措施。尽管其中有些措施是迫不得已的，但如果普遍采用强制性非常措施，不仅会直接导致对经济社会运转的损害，而且会加大社会恐慌程度，民众也可能为躲避强制而不予配合。

其实，在科学理性和先进医学的支持下，防疫抗疫已经成为现代社会的常规性机制，就如同人体正常的免疫力反应一样。所以，防疫抗疫应尽可能使用常规方式，除非迫不得已才可使用杀伤力巨大和代价极大的非常规方式。

日常防疫和紧急疫情响应机制的作用不仅仅是预防病毒感染可能导致疾病，更重要的是要消除"忽视—恐慌"，让社会处于"常备不懈"之中，即把形成安全卫生的工作秩序和环境，作为人类基本的行为规范。

三、有效预警，才能"精准滴灌"式高效防疫抗疫

由于"忽视—恐慌"同社会心理状况高度相关，所以如何稳定或常态化人们的疫情预期，是一个特别重要的问题。

预期和心理受信息传播影响，信息公开透明可以防止"忽视—恐慌"群体性行为偏向的破坏力。为此，应建立一个关于疫情的常态预警制度，就像天气报告和空气污染报告那样，以一般民众可以理解的表达方式及时向社会提供卫生环境信息。这样，一方面可以时时警示公众保护卫生环境和遵守卫生秩序；另一方面，在心理上打预防针，关切疫情但不必一有疫情就发生恐慌。

这样，当预警信号显示很可能有严重疫情发生时，社会可以启动"精准滴灌"式的响应措施，而不是"大水漫灌"式的一刀切和齐步走对策。防疫抗疫的目标不是完全消灭病毒，而是要将病毒及其感染致病可能控制在正常的社会秩序以及医疗体系所能承受和处置的状态中，这就是人类能够生活于其中的社会生态系统。因此，抗疫的成功标志不是动员了多少资源、参与了多少人员、有多少英雄行为，而是在疫情冲击下能够保持更多行业、更多地区的工作正常化，使社会付出的代价较低，特别是死亡率较低和经济损失较少。

四、科学总结本次抗疫，为未来提供有益借鉴

在新冠肺炎疫情时期，人民群众生命安全和身体健康成

为最受重视和政府政策安排中压倒一切的首要关切。为此，中国以强大的社会动员能力抗击疫情，为世界所高度肯定，为世界卫生组织所称道。那么，是否意味着这就是我们最大的成功和骄傲？给今后防疫的"启示"就是：一旦有疫情就应快速进行全民动员，不计代价地进行封城、封路、封村，停工、停产、停学吗？

全国全民动员，确实是战胜这次突发疫情的有力举措，但那是因为缺乏预警机制，面对突发疫情，措手不及，有可能导致局面失控时而不得不采取的非常之举。中国尽管有举国体制之优势，但这也不能成为防疫抗疫的常规方式。

新冠病毒导致肺炎，主要表现为传染率高和"行踪莫测"，而它的致死率其实并不高。武汉地区的致死率之所以高，主要是因为从起先忽视疫情，突然转变为特别重视和盲目反应，恐慌性地匆忙决定将武汉这个 1 000 多万人口特大城市中的发热病人都集中到少数几家定点医院，既无力收治，又难以确诊，让病毒在那里"大兵团集结"，形成强大传染力，不仅大大超出定点医院，而且超过整个武汉市的医护能力，导致难以控制的局面，不得不封城。而在其他地区，包括同武汉联系密切、受感染人数较多的省份，都没有发生这样的情况，疫情得到有效控制。所以，总结这次防疫的经验教训，应该更多地反思在"忽视"和"恐慌"两个方面的表现，以及一些地区表现出的比较从容的有效应对方式。

这次疫情爆发，既不是第一次，也不会是最后一次。病毒会"常来常往"，人类对其既不能忽视，也不可恐慌，兵来将挡、水来土掩，反应适度，应对有序，才是现代国家的科学理性和社会理性的体现。总结这次防控疫情取得胜利的经验时，必须要有科学态度，为今后必然还会发生的类似疫情，采取抗疫对策留下经过科学理性分析的前车之鉴。

关于更好发挥人大和政协作用健全国家公共卫生管理体系的几点建议

张永军

中国国际经济交流中心副总经济师。曾任国家信息中心经济预测部财政金融处副处长、宏观经济处处长、世界经济处处长。

习近平总书记 2020 年 2 月 14 日主持召开中央全面深化改革委员会第十二次会议并在讲话中指出，"这次抗击新冠肺炎疫情，是对国家治理体系和治理能力的一次大考。要研究和加强疫情防控工作，从体制机制上创新和完善重大疫情防控举措，健全国家公共卫生应急管理体系，提高应对突发重大公共卫生事件的能力水平"。根据习近平总书记的指示和会议精神，结合对防控疫情工作中暴露出来的短板和不足的认识，提出如下建议。

一、全国和各地人大、政协单独设立卫生健康委员会

目前，全国人大设立有教育科学文化卫生委员会，全国政协下设有教科卫体委员会，卫生与其他几项混合在一起。而且从两个委员会的组成情况来看，全国人大的教育科学文化卫生委员会的十一位主任、副主任委员中，只有一位是医疗卫生专业出身；全国政协教科卫体委员会的十六位主任、副主任委员中，也只有两位是医疗卫生专业出身。从上述组成情况来看，力量不够充足。

另外，从国际机构的设立情况来看，联合国下设教科文组织，同时设立世界卫生组织。参照国际机构设立的情况，我国人大、政协下属的专门委员会，也可将教科文、卫生的委员会分别设立。这样卫生健康方面的委员数量就可以明显增加，而且作为一个专门委员会更加便利开展活动，卫生监督职能就会得到强化。

二、全国和各地人大要加大对卫生健康工作的监督力度

每年两会，都要听取最高检察院、最高人民法院的工作报告，还要听取国家发改委关于国民经济和社会发展计划草案、财政部关于上年度财政决算和本年度财政预算的报告。

卫生健康工作越来越重要，已成为广大群众关心的重要问题之一。加上 21 世纪以来世界上发生了几次传染病事件，公共卫生事件的影响呈越来越大的趋势。建议今后国家和各级政府卫健委每年应该向同级人大的教育科学文化卫生委员会（卫生健康委员会）提交工作报告和工作计划，由现有的教育科学文化卫生委员会代表人大对工作报告和工作计划进行审议，同时地方政府各级卫健委将此工作报告报送上一级政府管理部门备案。

三、全国和各地人大、政协卫生健康委员会可作为卫生健康信息收集传输的重要渠道

各级人大、政协要以卫生健康委员会为载体，将卫生健康委员会建设成联系广大卫生健康工作人员的重要平台，基层卫生健康工作人员发现传染病等涉及面比较广泛的相关信息，除了报送政府所属卫健委之外，也可以向人大、政协的卫生健康委员会报送信息。卫生健康委员会要加强卫生健康信息收集分析工作，既可用于本地监督卫生健康工作，必要时也可向上级人大、政协报送，作为地方向上级报送卫生健康信息的"第二渠道"。这样在政府系统信息传输失灵的情况下，可作为信息传输的重要渠道。

四、加强应急管理与防控演练的相互协调

传染病疫情、地震、台风、海啸等突发性灾害，早期预警存在较大的不确定性，确实可能会出现有警讯但最后没有发作的情况，因此政府对此类灾害的预警采取比较谨慎的态度，是可以理解的。但这类灾害一旦发生，所造成的生命财产损失又是十分巨大的。建议以后如遇类似情况，可以及早发布不同级别的警示信息，政府可提示居民和社会机构采取

预防性措施，也可以同时组织举行防控演练活动，以避免灾害发生时防备不足，造成过大损失。

五、全国和各地方政府卫健委领导选拔要更加突出专业性

由于卫生健康事业专业性较强，如遇突发事件需要较快做出反应，没有一定时间的工作经验积累，地方卫健委领导遇到问题就会感到吃力。

这次疫情中，湖北省黄冈市卫健委主任在面对有关疫情质询时"一问三不知"就很有典型性。从目前情况看，全国各地卫健委领导专业基础薄弱的问题比较普遍。以湖北省为例，全省 17 个市（区）的卫健委主任中，医学专业毕业的仅有两人，另有三人有医院、医药卫生工作经验，其余皆没有卫生健康相关专业基础和工作经验。

基于以上情况，今后地方卫健委等专业性较强的部门，选拔领导干部时要更加强调专业性，最好有相关领域的工作经验。

六、要加强卫生健康教育培训工作

据统计，目前我国开设公共卫生专业的大学有二十所左右，但专业水平较高、受到国际同行较高认可的只有几所。进入 21 世纪以来，公共卫生管理方面的需求越来越大，我国应适当加大公共卫生专业的招生规模，满足政府等部门对公共卫生专业人才的需求。同时，应加大对现有政府卫生健康

部门人员的培训工作，尤其是现有大量从其他部门调转到卫生健康部门工作的干部，要加大在职培训，使之能够更好地适应工作的专业需要。此外，要强化传染病、地震、台风、海啸知识的普及教育，提高全民认识水平和防控能力，提高居民防范意识，减少灾害发生后因防护不足或不适当造成的损失。

七、加强农村卫生健康防疫队伍建设

在 20 世纪七八十年代，我国农村已在村级建立了卫生医疗和防疫队伍，在当时条件下对于农村医疗卫生和牲畜防疫发挥了重要作用。后来受多种因素的影响，农村医疗卫生和牲畜防疫队伍削弱。目前有必要强化农村医疗卫生和牲畜防疫队伍建设，考虑到现在交通、信息通信条件的改善以及经费等方面的问题，可以把工作重点放在乡镇层级。

加强文化自信，坚定走"天人和谐"的中国特色可持续发展道路

颜爱民

中南大学教授、博士生导师，中南大学人力资源研究中心主任、首席专家，中南大学工商管理学科学术带头人。兼任湖南省人力资源管理学会执行会长，湖南践行国学公益基金会理事长，湖南人极书院理事长兼执行院长。

一、重大疫情更彰显我国文化自信和制度优势

疫情来势汹汹，中国举全国之力迎战，在习近平总书记的亲自部署下，31个省（自治区、直辖市）迅速启动重大突发公共卫生事件一级响应，全国各地和解放军迅速调集数万名医护人员驰援湖北，各种物资和装备快速聚集武汉，短短十天，一座可容纳1 000张床位的火神山医院迅速崛起，这种"中国速度""中国力量"在当今世界绝无仅有，这种制度优势不仅震撼全球，更将深刻影响全世界的认知。联合国秘书长古特雷斯高度评价中国的担当精神和防控能力，世界各

国政要对中国的责任意识和资源调配能力更是赞誉有加。为什么中国的医护人员能如此不畏牺牲、持续奋战？为什么十数亿中国人能如此快速有序地进入一种紧急状态？为什么各行各业、各社会阶层能快速响应、互相支持、众志成城？这背后无不闪烁着中国的文化自信和优势。可以预期这场疫情之后全世界都将会深入探讨中国的文化和制度特征，许多国家将由此检省和调整其对华政策，中国将以崭新的形象屹立于世界东方。这次疫情在彰显制度优势的同时，也是对中国治理体系的一次严格大考，疫情过后我们新一轮的深化改革也将更加勇猛推进。

二、"天人合一"思想更加契合当今社会可持续发展之需

"没有高度的文化自信，没有文化的繁荣兴盛，就没有中华民族的伟大复兴"，习近平总书记的论述现在读来尤感深刻！无独有偶，英国著名历史学家汤因比与日本学者池田大佐早在 1972 年就认定，"拯救 21 世纪人类社会的只有中国的儒学思想和大乘佛法"。窃以为，这次疫情似乎在某种程度上印证了上述论点。假如这种疫情发生在"小政府、大社会"的西方国家，后果也许就演变成好莱坞大片中的"人类末日"。为什么中国能有如此强大的动员能力，能做到十数亿人步调一致、同心同德？其深层次的文化影响值得探究。这次疫情进一步加深了我们对文化自信的理解，也鼓舞着我们更加坚定深入地去挖掘和弘扬中华优秀传统文化。

从根本上看，"天人合一"思想是中国文化的哲学源头。[1]正如钱穆先生晚年所感："'天人合一'观，虽是我早年已屡次讲到，惟到最近始彻悟此一观念实是整个中国传统文化思想之归宿处……我深信中国文化对世界人类未来求生存之贡献，主要亦即在此。"[2]按照现代语境，"天人合一"就是"人和自然系统的合一"，就是把人和自然作为一个统一大系统看待，人和自然融为一体，是一个多层次的自组织系统[3]，它既符合钱学森创立的系统论思想，也能融汇全息论和自组织理论，正如耗散结构创始人普里戈金所预期的：着眼于自组织世界的中国传统和长于定量描述的西方传统将有机结合起来。[4]随着全球化进程的加剧，世界各国之间的交流、联系日趋频繁，人和人的关联性日益凸显，在历史上人类社会从来没有像现在这样紧密纠葛、联成一体，人类真正成为地球村，呈现出古代"天人合一"思想所揭示的"一损俱损、一荣俱荣"特征，世界各国已真正成为习近平总书记提出的"命运共同体"。基于"天人合一"思想的"天人和谐"发展是人类社会可持续发展的唯一正确选择。按照"天人合一"的思想（见图1），人和自然是一元体系，人类必须敬畏自然、敬畏天道，必须采取和谐共生的发展模式——这从哲学层面保证了人类和自然系统长期共存和可持续发展。按照"天人合一"

① Aimin Yan, Binghan Zheng.Chinese wisdom and modern management. London: Cambridge Scholars Publishing，2018.

② 钱穆.晚学盲言.桂林：广西师范大学出版社，2004.

③ 颜爱民.国学践行讲堂.北京：光明日报出版社，2017.

④ 普里戈金，斯唐热 从混沌到有序.上海：上海译文出版，1987.

观点，人和动植物是自然大系统的并行子系统关系，必须和谐共生共存——这从价值理念层面消除了类似新型冠状病毒等传播的可能；人和人休戚相关，人和社会共存共赢——这就是中国"一方有难、八方支援""万众一心、众志成城"的哲学源头。①

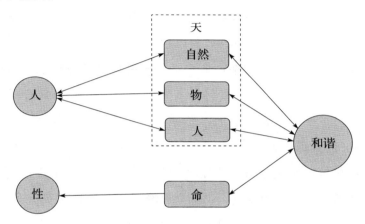

图 1 "人"与外界关系和自身系统的相互作用

三、当下几条重要政策建议

1. 创建并大力发展公共安全与应急救援产业

通过本次疫情，我们感觉到在当今这种一体化程度极高的社会运行模式下，公共性的危机发生和处理在所难免，以后可能频度更大、内容更广。西方依靠市场机制主导的"小政府、大市场"资源配置模式具有明显的制度性缺陷，难以

---

① Aimin Yan, Binghan Zheng.Chinese wisdom and modern management. London: Cambridge Scholars Publishing, 2018.

有效应对可能发生的类似新冠肺炎等重大危机事件，我国这种民营（纯市场）和国有（公共性）机制联动的强政府、高效率资源配置模式在本次战疫中彰显出极强的制度优势，这种优势随着经济发展、全球化程度的加强将日益凸显。据此我们建议：

（1）对已有的公共安全与应急救援产业进一步拓展和提升，置于国家战略高度。

（2）创立公共安全产业经济学，开展理论上的深入系统研究。

（3）在国家政策层面参照国防、军工和消防体系的运行机制进行有计划的产业布局和政策引导，同时参照保险行业发展机制和军民融合的军工产业发展模式，运用市场机制推动公共安全产业的发展。

（4）将公共安全产业的发展作为我国下一个相当长时期的产业经济增长极，打造成带动我国经济新一轮发展的重要引擎。

2. 鼓励绿色管理，推动绿色发展

1962 年，美国海洋生物学家蕾切尔·卡逊出版的《寂静的春天》，唤醒了全世界环境保护意识。1992 年联合国环境与发展大会明确把经济发展和环境保护结合起来，提出可持续发展战略。2005 年党的十六届五中全会首次把建设资源节约型和环境友好型社会作为国民经济和社会发展的战略任务；2007 年将湖南省长株潭城市群和武汉城市圈作为"两型社会"的试点地区；2015 年党的十八届五中全会明确将绿色发展的理念作为我国五大发展基本理念之一。人类在用自然资源编织文明的同时就引发了人与自然的矛盾，今天高度发达的科学技术水平将人类和自然的冲突推到了剑拔弩张的程度，从本质上看绿色发展是源于经济和社会发展过程中人与自然环境矛盾和冲突日益激化的理性选择，本次疫情进一步证明了绿色发展是我国实现可持续发展的正确决策，应该从操作层面进行更多的实质性推进。我们认为，推行绿色管理、构建强劲有效的绿色发展微观经济基础势在必行。绿色管理源于1987年世界环境与发展委员会推动的可持续发展运动，其内涵包括绿色技术、生态环境响应、绿色公司治理、企业环境责任、环境利益相关者等方面。它从两个方面构成绿色管理的发展体系：一是通过宏观政策的制定将企业环境问题的外部效应内化成组织成本，推动企业对环境问题作出积极响应，合理配置和利用自然资源，提升环境或绿色管理绩效；二是将绿色理念导入企业运行的全过程，实现企业的绿色技术开发、绿色设计、绿色供应链管理、绿色生产过程控制和绿色营销，形成能支持企业可持续发展的绿色竞争优势。我国在"十三五"规划和《中国制造2025》中已将绿色制造列为重要战略任务。只有在微观基础上构建绿色发展理念，也即将"天人合一"思想融入企业微观运行机制，才能从基础动力机制层面构建中国可持续发展的微观基础，真正推动绿色发展。

3. 推进 CSR（企业社会责任），优化"可持续发展"的微观企业行为机制

从这次疫情的触发源看，应该是部分经营企业或业主基

于利益驱动，从事野生动物非法销售和交易所致。再看近些年发生的问题疫苗、三鹿奶粉等重大公共事件，都源于企业唯利益目标驱动、微观行为失范。企业相关利益主体之间的矛盾和目标冲突是企业基本运行深度、机制性难题，长期困惑我国国有企业的委托代理问题，以及近年来广受关注的万科股权之争、马云式传承等深度微观机制引发的行为矛盾。[1] 我们认为需要将"天人合一"这种协调理念融入企业经营者和员工思想，在微观层面优化或重构企业运行和行为机制，在微观基础面根除新冠肺炎疫情这类重大公共危机的产生基础。而逐步在中国推广运用的企业社会责任是对症之药。企业社会责任源于企业不同利益主体的利益冲突，最初是将企业目标和行为从经济利益拓展到经济、法律、道德和慈善等方面，认为企业的一切行为不能唯经济目标，而应兼顾法律责任、道德责任和慈善责任等方面。[2] 2003 年后，企业社会责任对象进一步拓展到顾客、员工、供应商、投资者、社区和环境等六个利益相关者[3]，再拓展到内部利益相关者（员工和所有者等）和外部利益相关者（消费者、自然环境、社区和

① 颜爱民. "马云式传承"对民营企业家"退"出的当代启示. 人民论坛, 2019(34): 98-99.

② Carroll A. B.. A three-dimensional conceptual model of corporate social performance. Academy of Management Review, 1979, 4(4), 497-505. Carroll A. B.. The pyramid of corporate social responsibility: toward the moral management of organizational stakeholders. Business Horizons, 1991, 34(4), 39-48.

③ Clarkson M. E.. A stakeholder frame work for analysing and evaluating corporate social performance. Academy of Management Review, 1995, 20(1): 92-117.

政府)[①]，现已成为经济合作与发展组织、国际劳工组织公约的重要组成部分，俨然成为全球企业的重要行为规范。我国的企业社会责任缺乏有力的宏观政策牵引和微观机制驱动，至今多处于引进和形式模仿阶段，实质性推广极为缓慢。我们建议，国家应从宏观层面通过企业社会责任的标准制定、达标评审、市场准入以及财税等手段，推动企业对内优化企业社会责任行为机制[②]，对外形成有利的企业社会责任微观驱动机制，将中国企业打造成内部企业、股东、经营者利益共生与协调发展，外部企业、供应商、社区共赢互利与和谐发展的健康微观机制，从根本上消除新冠肺炎、问题疫苗等公共危机事件产生的微观基础，为我国经济社会可持续发展奠定良好的微观运行机制。

① Carroll A. B., Buehholtz, A.K.. Business& society: ethics and stakeholder management. 5th ed. Ohio: South-Western, 2003.

② 颜爱民，李歌.企业社会责任对员工行为的跨层分析——外部荣誉感和组织支持感的中介作用.管理评论，2016, 28(1)：121-129；李歌，颜爱民，徐婷.中小企业员工感知的企业社会责任对离职倾向的影响机制研究.管理学报，2016, 13(6)：847-854.

新冠肺炎疫情引发国际关注公共卫生事件可能的经济影响

姚为群 中国国际贸易促进委员会专家委员会委员，中国世界贸易组织研究会常务理事，上海市国际贸易学会副会长兼秘书长，复旦大学国际关系与公共事务学院兼职外交学教授，上海对外经贸大学国际经贸学院特聘应用经济学教授，上海工程技术大学管理学院客座经济学教授。

2020 年 1 月 30 日，世界卫生组织（WHO）总干事根据《国际卫生条例（2005）》宣布中国武汉的新冠肺炎疫情已构成"国际关注的突发公共卫生事件"（PHEIC）。众所周知，传染病控制三大原则是消灭传染源、切断传播途径和保护易感人群，但是迄今为止传染源并未确定，所以，尽管 PHEIC 指的是疾病，并针对某个国家要宣布所谓的"疫区国"，但疾病发生在哪个国家，哪个国家便存在危险，这是事实。同时，WHO 总干事称赞中国"实际上正在为疫情应对设定一个新的标准"，其隐含的意思是"超过了"《国际卫生条例（2005）》

相关要求，由此不少国家也以各种理由效而仿之采取了"超标"措施。据国家移民管理局统计，截至 2 月 6 日，已有 102 个国际和地区实施了入境管制措施，其中有 22 个国家被 WHO 指出为"超标"。

PHEIC 是从 2005 年才有的新概念。目前，全世界共被宣布过 PHEIC 6 次（含武汉），前 5 次包括 2009 年甲型 H1N1 流感（人感染猪流感，墨西哥、美国部分地区）、2014 年脊髓灰质炎（小儿麻痹症，索马里、肯尼亚）、2014 年西非的埃博拉疫情（几内亚、利比里亚、塞拉利昂、马里、尼日利亚、塞内加尔、西班牙、美国）、2016 年的寨卡疫情（巴西、中南美洲、大洋洲）、2018 年的埃博拉疫情（刚果（金））。

要对 PHEIC 可能形成的经济影响进行分析，2003 年中国的非典和巴西的寨卡的经济影响是可供参考的典型案例，同时还可参考 2019 年 10 月美国约翰斯·霍普金斯大学公共卫生学院会同世界经济论坛、比尔和梅琳达·盖茨基金会在美国纽约市举办了一场针对大规模流行病的桌面推演——"Event 201"的结论。

2003 年非典对中国经济的影响主要集中在当年第二季度，具体影响如下：

（1）客运、旅游、住宿餐饮、零售等行业短期内受到较大冲击，投资和外贸所受影响不明显。

（2）非典的出现并没有中断当时经济的上升趋势。

（3）宏观政策对受影响较大的行业有所倾斜，并保持了扩张性的宏观政策环境，当时较快的货币扩张速度直到第三季度末经济增长上升趋势完全恢复后才得到调整。

（4）财政政策对受非典疫情影响比较严重的行业减免了部分税费，导致下半年财政收入增速有所放缓。

（5）信贷政策对受非典影响较大的行业和地区适当倾斜，但货币信贷未出现大幅波动。

2016 年 2 月 1 日，WHO 宣布，"寨卡病毒及其引发的神经系统病变"构成 PHEIC。受寨卡病毒影响最严重的是巴西，一国病例数即达 30 余万人，比其他国家总和还要多。但 2016 年初的巴西正处于严重的经济下行期，因受世界大宗价格变化的影响，2015 年 GDP 增长为 –3.8%，国民经济濒临崩溃局面。但 2016 年又是巴西有所期待的一年，因为当年 8 月奥运会将在里约热内卢举办，巴西希望借由奥运会抓住发展的红利，一举实现国民经济扭亏为盈。巴西的外汇来源首要来自大豆、铁矿砂和旅游出口。旅游业是巴西创汇营收的主要手段，但疫情对旅游业的影响可想而知。为此，针对寨卡病毒的传染源"伊蚊"，时任巴西总统罗塞夫呼吁全国灭蚊，并亲率联邦政府部长上街灭蚊，投放巨量杀虫剂，并在蚊虫 DNA 中植入可自灭基因。至 2016 年 7 月，巴西时任体育部长宣布每日新增疑似病例未超过 150 人，里约热内卢市寨卡病例已从 1 月的 7 000 人锐减至 700 人，其中绝大部分已治愈。WHO 经过近半年观察确认疫情确已平息后于当年 11 月 18 日终于宣布解除寨卡病毒 PHEIC，历时十个月。但寨卡 PHEIC 并未给巴西经济造成太大影响，在疫情最严重的 2016 年，GDP 不仅止住颓势，甚至还由于汇率因素略有上扬，至

2017 年疫情结束，竟出现了多年未有的扭亏为盈。对于旅游业，由于奥运会，游客数量几乎未受任何影响。2016 年奥运会期间，共有 117 万游客来到里约热内卢，当地酒店入住率高达 94%，日均消费 131.2 美元。2016 年全年巴西几乎都处在 PHEIC 事件内，游客总人数反而突破了 2014 年的历史峰值。总之，从 2016 年各项经济指标看，几乎看不到巴西当年被"PHEIC"过的迹象。

Event 201 推演结论也表明，严重的大规模流行病最终导致全球 GDP 降低 0.7% 或损失 5 700 亿美元。

由于疫情时间长度与疫情所造成的经济影响是正相关的，为此，在继续做好切断传播途径和保护易感人群的同时，中国应在世界卫生组织支持下，与国际社会合作尽快尽早确定传染源，开发疫苗和特效药，争取在三个月内或更短时间内完全控制疫情。如果疫情持续时间超过三个月，加之其他国家继续采取"超标"措施，负面影响可能就会大一些，甚至波及 2020 年 7 月在日本东京举行的第 32 届夏季奥运会。

运行调控篇

努力激活蛰伏的发展潜能

郑新立

中国国际经济交流中心常务副理事长，研究员。曾任中共中央政策研究室副主任。主要研究领域：宏观经济理论与政策。多次参加中共中央全会、《政府工作报告》的起草。著有：《中国：21世纪的工业化》《奇迹是如何创造的》《郑新立文集》（共16卷）等。

当前，我国经济总体平稳的态势没有改变，经济运行存在的问题主要是：在新冠肺炎疫情冲击下，原有的有效需求不足的矛盾更加突出，经济下行压力加大，经济增速已降低到合理区间底部；工业增速回落，制造业和民间投资不足，产能外移增多；工业生产者出厂价格下降，企业经营困难增多，财政收支矛盾加剧，基层财政压力增大；经济下行导致各类风险水落石出效应进一步显现。对于经济增速连续十年下降所形成的巨大惯性和实现止跌回升的难度，必须给予充分估计。

应当看到，我国经济增长仍有很大空间。实现经济平稳健康发展，关键在于通过深化改革，加快经济结构调整，释放蛰伏的经济增长潜能，把扩大内需作为稳增长的着力点，以结构调整促进经济长期向好。统筹运用规划、财税、金融等手段，精准配套改革开放措施，深挖内需潜力，形成一系列新增长点，拉动经济回升。

一、扩大消费方面

要把扩大消费放在扩大内需的首要地位，近期应紧紧抓住以下领域，努力培育新的消费热点。

1. 村庄整治

在农民工输出比较多的地区，农村危房、倒塌房、闲置房占农村总户数的 50% 以上，大量农村建设用地资源闲置浪费。根据 2019 年 4 月 15 日《中共中央 国务院关于建立健全城乡融合发展体制机制和政策体系的意见》，把村庄整治节约的建设用地指标入市，可起到"一箭三雕"之效果：一是有利于加快新农村建设；二是有利于降低城市房地产价格；三是有利于释放农村市场的巨大需求。对于一些地方正推行的拆除违规建筑行动，必须严格遵循法律和政策，切忌刮风，维护人民权益和社会稳定。

2. 农民工市民化

应取消或降低农民工进城落户的限制，并将进城落户的农民工及其家属纳入城市保障房覆盖范围，享受城市居民的养老、医疗、失业保险。对退出农村宅基地资格权和房产者予以货币补偿。这对拉动城市建筑业和提高消费能力，将具有重要作用。

3. 老城区改造

历史上形成的许多城市老城区，房屋破旧、道路狭窄，缺少室内卫生间和停车场等现代设施。加大老城区改造力度，既可让老城区居民过上体面的生活，又能对扩大内需起到立竿见影的效果。

4. 取消城市汽车限购

现在，由于交通拥堵，全国已有 10 多个城市对汽车限购。应当改变思路，从发展城市交通的角度为轿车进入家庭创造条件。纽约、东京等发达国家的城市没有对汽车限购的。他们能做到的事，我们也能做到。

5. 建立公共卫生体系和失能老人照护体系

吸取两次肺炎疫情的教训，健全公共卫生体系。全国目前有失能老人 2 000 万，半失能老人 3 000 万。如能建立失能老人的照护体系，实现失能老人照护的社会化，可安排就业 2 500 万人。

6. 扩大职业教育招生规模

职业技能人才短缺已经严重制约产品质量的提升。除了扩大现有技工学校招生规模，应鼓励大型企业办职业学校。根据德国、瑞士的经验，大学本科生与职业学校的招生比例应保持在 1∶2 左右。应建立大学与职业学校之间的立交桥，鼓励本科生学一门专业技能，允许职业学校毕业生报考大学研究生。

二、扩大投资方面

扩大投资是扩大内需的有效举措。按照供给侧结构性改革的要求把握好投资方向，有助于增强经济长期发展能力。在扩大投资方面，近期应选择以下重点：

1. 高新技术产业和新基础设施建设

包括芯片等关键元器件、新材料等，应采取举国体制，组织产业联盟，实行协同攻关。加快 5G+ 超级 wifi 建设，形成泛在、安全、高效的移动网络，为发展人工智能、工业互联网、物联网、区块链和数字经济提供条件。

2. 推广以改性甲醇替代石油产品

改性甲醇消除了普通甲醇腐蚀性、溶胀性、低温起动难三大弊病。以改性甲醇替代汽油、柴油，有利于治理大气污染，充分利用国内低阶煤资源，减少以致完全取代石油进口。目前正在河北邢台试行，效果明显。应尽快在全国推广。

3. 发展固废再生产业

全国目前建筑垃圾、工业固废、综合垃圾存量已达 800 多亿吨，堆集场和填埋场占地 1 400 多万亩，对地下水污染带来威胁。利用现有技术可将固废全部资源化、市场化，不需财政补贴。测算将固废全部处理，约需投资 4 万亿元，每年产生增加值 4.1 万亿元，年增利税 2 400 亿元，增加就业 240 万人，10 年可减少占地 2 600 万亩，减少碳排放 6 亿吨。

4. 发展集约化、现代化农业

鼓励农户以耕地承包权入股，兴办合作社、农业公司，发展规模化、设施化、精准化农业和有机农业，提高农业科技水平和劳动生产率。这将拉动农用工业的发展，并提高农业的国际竞争力。

5.发展通用航空业

我国通用航空业与美国相比，差距巨大。美国有2万多个机场、20多万架民用飞机、30多万名会开飞机的人，我国只有273个机场、6 000多架客机、1万多名飞行员。发展通用航空关键在开放7 000米以下空域。应把发展通用航空业作为军民两用产业的重点，解决有关管理体制上的卡脖子环节，使之尽快发展成为一个万亿元级的大产业。

6.建设淮河生态经济带

淮河生态经济带面积24.3万平方公里，常住人口1.46亿，水系通航里程2 300公里，涉及5省29市。按照国务院批复的《淮河生态经济带发展规划》，全面启动河道整治、港口建设等水利工程，可形成我国第三条出海黄金通道，新增2 000多万亩旱涝保收田。沿淮河建设铁路、公路、管道和一大批工业、服务业项目，可形成上千公里黄金旅游线，打造新的经济增长带，成为中国第四增长极。

此外，城市群内的轨道交通、城市地下管廊、海绵城市、水利设施、冷链物流等，也有巨大投资需求。

底线管理、短期刺激与中期扩张是应对疫情产生的三波超级冲击的好方法

刘元春

 中国人民大学党委常委、副校长。教育部"长江学者"特聘教授，国务院特聘专家，国家"百千万人才工程"有突出贡献中青年专家。兼任教育部公共管理类专业教学指导委员会副主任委员，教育部国际商务专业学位研究生教育指导委员会委员，国家社科基金评审专家，教育部留学基金管理委员会评审专家，中国世界经济学会常务理事。主要从事宏观经济学、世界经济学等方面的研究。

一、疫情开始展露其超级冲击的面目，我们需要理性评估前期设定的目标

虽然未来世界疫情及其对经济社会政治的冲击依然具有高度不确定性，但从新冠肺炎对中国经济 2020 年 1—2 月份的冲击以及世界蔓延的情况来看，疫情已经展露出其超级冲击的面目，我们可以阶段性地评估其对经济社会带来的超级黑天鹅效应。

　　根据 1—2 月份的经济数据进行较乐观的测算发现，第一季度 GDP 增长速度大约为 –5% ～ –10%。从需求看，1—2月份社会零售、投资、出口均出现两位数下降，即使 3 月末复工复产达到 100%，经济循环实现常态化，第一季度 GDP增长速度也仅为 –10% 左右。从供给看，1—2 月份工业增加值下降 13.5%，服务生产指数下降 13%，建筑业降幅更大，据此推算第一季度 GDP 增长速度约为 –8%。目前，所有研究团队都在大幅修正对第一季度增速的判断以及全年增速的判断，其中国外各团队从需求侧的预测大部分认为第一季度GDP 增速在 –10% 左右。虽然从收入法看，第一季度我国GDP 增长速度下降幅度可能没有支出法和增加值法那么大，但可以肯定的是，第一季度我国 GDP 必然负增长。

　　以往大家将 2020 年我国 GDP 增长目标设定为 5.5% ～ 6.0%，而在第一季度我国 GDP 确定负增长的情况下，如果要实现全年 GDP 增长达到 6.0%，就意味着接下来三个季度的平均增长速度要达到 9% 以上，个别季度要超过 10%；如果要实现全年 GDP 增长达到 5.5%，就意味着未来三个季度的平均增长速度要达到 7.5%。从这种目标描绘出的未来经济增长路径将会是一个强劲的"不对称 V 型反弹"。这种路径是否能够实现，实现了是否会产生强劲的后遗症，需要我们进行科学评价。但可以确定的是，在超级疫情持续冲击和未来还面临高度不确定性的环境中，我们应当从过去"保增长"的数字目标转向在不同阶段具有不同内涵的"底线管理"。

　　一是当前的"底线管理"必须保证疫情不再出现反复。

二是复工复产阶段的底线管理必须强化经济循环在控制疫情的基础上畅通，防止出现经济循环的再停摆。

三是在经济循环基本畅通的基础上，必须把"保就业"和"保民生"放在底线管理的核心地位，因为就业问题就是最大的民生问题，也是整个政治经济社会最大的基础。如果按照目前出台的办法，剔除 2020 年研究生和中职扩招接近 40 万，再加上一系列政策支持，要保持城镇调查失业率不超过 5.5%，经济增长速度需要保持较高水平。

四是在就业稳定的同时，要防止局部债务问题和资金链问题不会引发系统性金融风险爆发。

这些底线管理在未来必须要分阶段、分主次、分层级，不断累进实施。

二、本次超级疫情对经济的冲击并非一次性的，而是分阶段、多批次的，必须更加重视第二波和第三波冲击

从疫情进行的五阶段划分法来看，新冠肺炎对于中国经济的短期冲击可能分三波。

第一波冲击是疫情所带来的"休克停摆效应"。2 月份我国大量宏观经济参数的腰斩已经证明了经济社会停摆带来的直接损失是巨大的。这种超常规的外生冲击实际上已经超越传统宏观经济学的冲击、反应、调整、恢复的分析框，因为它不是小扰动，也不是周期波动，而是整个经济系统的瘫痪。这个阶段里，疫情全面防控导致社会停摆和经济停摆，因此它所产生的短期效应已超越以往任何一种内生性的、扰动性

的冲击。

第二波冲击是经济停摆重启的成本冲击。疫情得到有效控制之后，其对经济产生的间接冲击才会陆续显示，其中最深远的冲击就是经济停摆之后重启经济运行必须实施"大推动"，必定带来严重的重启成本。如果我国的复工复产不能同步实施，仅仅是停留在县域单位层面，不同步的复工复产必然会产生产业链、供应链、订单和资金链等方面的瓶颈。因此在市场自发状态下要实现复工复产和经济循环的常态化不仅时间漫长，更为可怕的是可能陷入低水平的"恶性均衡"。因此，要克服这种市场失灵，必须依靠强大的行政干预和刺激启动。就像一架马车在冰天雪地停下来之后要重新启动，必须给予它比在正常行驶中所需要的动力更大的外生动力。因此，政府统筹安排复工复产、解除各类复工复产面临的瓶颈约束还不足以使经济循环常态化，还必须给予一个强大的外生初始刺激特别是超级需求刺激以产生"破冰效应"，使得停下的马车克服巨大的初始摩擦力，在迅速启动中形成自我循环的内生动力。3—5月份，我国经济都会在这样的状态下运行，出台短期大需求刺激，全面重启中国经济循环的内生动力，显得尤其重要。

第三波冲击就是疫情全球蔓延和"全球大流行"所带来的全球经济休克停摆冲击。这个冲击将是史无前例、百年未有的。疫情的全面蔓延必定带来高传染和高死亡，必定导致各国的恐慌，导致各国政府从前期的佛系管理模式全面转向"全面管控模式"，人员隔离、封城封市封国必定导致各国经济社会处于停摆状态，最终导致全球化的生产体系、产业链和资金链出现断裂，全球经济出现短暂整体性停摆。目前各个研究团队都前瞻性地给出疫情蔓延的规律，各个国家已经开始全面向中国管控模式转变。世界经济出现整体性休克式停摆很可能在4—6月份形成，并将形成中国经济遭遇的第三波冲击。这个冲击无论从广度还是深度上都比第一波冲击和第二波冲击所带来的持续性和损失要严峻得多。如果全球经济的休克停摆出现在4—6月份，也就是中国经济全面复工复产的阶段，那么我们将面临订单消失、无工可复的窘境，尤其是"两头在外"的产业和企业，在遭受前两轮冲击之后将面临更严峻的冲击。因此，我们对于产业和企业的救助，对于这些区域和行业的复工复产的安排，必须全面考虑未来第三波冲击。

三、在底线管理的基础上出台短期刺激与中期扩展的政策组合具有十分重要的意义

危机救助不是一蹴而就的，必须在对冲上述三轮冲击之后，我国经济才能从危机应对逐步过渡到常态化循环阶段，我们也才能在经济循环常态化的基础上逐步将底线管理上升到全面"保增长""保目标"的扩张阶段，体系化的扩张计划才能有坚实的实施路径，才会在底线管理的基础上有效拿捏扩展的幅度、扩展的方式和实施的有效路径。

疫情对中国经济的第一波冲击已接近尾声，第二波冲击刚刚开始，第三波冲击正在全面酝酿。根据目前复工复产的

进程和全球疫情扩散的数据来看，中国经济可能在 4—6 月份面临第二波冲击与第三波冲击叠加的困境，我国经济增长在第二季度、第三季度承受的压力可能会超越我们的预期。因此，基于前期对于疫情冲击的片面认识所设计的政策就需要进行再定位和再调整。

第一，要在底线思维基础上有最坏的打算，使我们的政策应对方案在基准判断的基础上具有可调整、有弹性、可扩张、多元组合的特性，而不是简单地拘泥于我们的"新基建"。

第二，必须短期刺激、中期调整与中期扩张相结合。短期刺激主要是产生"大推动"，在政府行政干预的基础上，快速同步复工复产，使经济循环在外生推动下产生自我循环的内生动力。目前很多人拒绝刺激，谈刺激就色变，但要想足够抵消经济循环停摆产生的巨大摩擦力，必须通过"大推动"来产生"破冰效应"。因此，目前我们需要更大幅度地发放消费券，更大幅度地进行企业补贴，特别是针对广大个体工商户和小微企业部门的救助。近期，美国、欧洲所出台的很多补贴计划的力度是很大的，因为他们看到疫情对这些市场主体的冲击是超乎寻常的。要想短期冲击不转换为趋势性冲击和中长期冲击，必须要在这方面下大功夫，必须要以中低阶层的消费补贴和中小微企业、受冲击最大的产业部门补贴和扶持为核心来展开当下短期刺激。从中期来看，则可以设计以"新基建"为先锋，新老结合为主体，经济投资与民生建设相结合、硬项目和软建设相结合的政策组合。大家关注的改革调整在短期刺激中可以适度体现，但整体性的新改革规划应当在经济循环常态化之后及时公布。

第三，财政赤字率不仅要突破3%，同时可以考虑突破3.5%。如果预算赤字率从2019年的2.8%提高到3.5%，2020年的财政预算支出可以增长1万亿元，但增长1万亿元也就约等于增长1 400多亿美元的支出，这不足以应对百年未遇的超大级疫情冲击以及全球停摆效应的冲击。因此，财政赤字上一定要有一些超常的措施。

第四，货币政策必须明确向适度宽松政策进行转变，包括准备金率的大幅下调、利率下调，特别是，我们应当考虑将接近10%的准备金率所冻结的十几万亿元资金转化为国债或特别债券，为财政政策和货币政策的宽松腾挪出空间。在全球都进行宽松的货币政策的同时，我国的保守政策在某种程度上会让我国过度地承受全球疫情和"休克停摆效应"所带来的成本。

第五，政策出台的时点一定要把握清楚，分阶段、分时点、有节奏地组合应用。如果政策的时点把握不好，我们的政策就会失去窗口期，产生过多的后遗症。需要强调的是，改革的推进必须更注重时点、顺序和窗口期的把握。疫情期间有一个共识，那就是当前是化"疫"为"机"的窗口期。但是，如果我们的改革开放所设计的路径和内容没有一种恰当的组合，就很难抓住当前创造制度红利的窗口期。

由于重启经济停摆必然需要"大推动"，但这种"大推动"绝不能只是简单地进行基础设施建设，而应当主要通过危机救助的形式刺激短期消费，既可以兼顾危机救助，又可以保证经济增长。从中期来看，刺激经济要坚持民生导向，坚持经济循环常态化的导向，坚持底线管理的导向。一是它的内涵要根据疫情防控与经济恢复不同阶段所面临的主要矛盾以及矛盾的主要方面进行适时的重大调整；二是实施的主体要在不同阶段发生重大变化；三是推行政策的核心工具和组合模式也要发生一系列重大变化。如果我们在这些方面有十分充分的前瞻性研究和政策储备，那么我们就不会重蹈 2009 年"四万亿元"刺激计划的覆辙，也会克服目前"谈刺激就色变"的心理困境。唯及如此，我们才能渡过后面的难关。

经济学教学与科研要立根祖国大地

李 悦

中国人民大学商学院教授、博士生导师，国务院政府特殊津贴专家。主要著作和教材有：《中国工业部门结构》《产业经济学》。

我是一位从事产业经济学研究和教学 60 多年的经济学者，在全国人民防控疫情的关键时刻，我更应当努力完成好党和国家交给我的历史使命，尽职尽责，教书育人，著书立说。我有以下几个建议：

第一，产业经济学科研要服务于国家发展战略，要有政治站位。每一位经济学人都要深刻领会习近平总书记的讲话精神，充分了解国家的经济社会发展规划，在国家发展大局下，做出建设性的研究成果。

第二，产业经济学教学要为实体经济发展服务。产业经济学的教学要以实现我国新型工业化道路为目的。习近平总书记多次强调：我们必须大力发展实体经济，因为它是一国经济立身之本，是创造物质财富的根本源泉。产业经济学的人才培养要以发展实体经济为重心。

第三，产业经济学要为增强本国的产业竞争力服务。产业经济属于中观经济，其竞争力是国家竞争力和企业竞争力的综合表现。中国产业总量较大，实力较弱，中国制造业是参与国际市场竞争的主力。因此，我们要牢牢依靠中国制造业的发展，充分发挥其在国际市场上的竞争优势。

第四，产业经济学科研要深入调研中国经济实践，为解决中国经济实际问题出谋划策。习近平总书记指出：广大科技工作者要把论文写在祖国的大地上，把科技成果应用在实现现代化的伟大事业中。产业经济学科亦应如此。

新冠肺炎疫情对中国经济的影响是巨大的，疫情中以及疫情后如何尽快恢复中国经济，保持经济的稳定发展，需要经济学家的建言献策，但要立足国情，结合本次疫情的特点，为宏观经济、产业经济、区域经济以及财政金融等不同的方面提出具有针对性的方案和思路。

宜将短期对冲政策长期化，促进结构性变化，增强我国供应链韧性

赵忠秀 山东财经大学校长，教授、博士生导师。兼任教育部高等学校经济与贸易类专业教学指导委员会主任委员，中国世界经济学会副会长，商务部经贸政策咨询委员会委员。

新冠肺炎疫情对中国经济乃至世界经济的短期冲击是非常明显的，事实上做了一个"休克"式的压力测试。在目前着力复工复产的努力下，产能利用率偏低和消费下降的双重压力仍然使得我国 2020 年第一季度的经济增长率明显下降，需要综合施策促进经济快速反弹，对此中央已作了系统的政策安排和具体部署，经济平稳回升可期。此次疫情冲击对处于结构调整中的中国经济也提供了难得的结构性调整时间之窗，通过将若干关键性的临时性措施长期化，实施结构性减税降费，整体降低我国经济的宏观税率，再施以数字化改造

的牵引，稳定国际经贸外部环境，则能够进一步增强我国产业链、供应链的韧性，提升劳动生产率，跃上高质量发展的轨道。对冲疫情施策不应当只关注短期的脉冲效应，更要产生结构优化、脱胎换骨的长期效应。

在过去的若干年中，中国经济处于"三期叠加"的转型之中，同时面临贸易保护主义的外部压力，经济下行压力巨大，我国采取了一系列适应性的改革开放政策，有的政策力度还非常大，如对外资准入政策的巨大调整，但由于政策效应的滞后性和有效性，深层次的矛盾并没有得到有效解决，痼疾依旧存在。突出表现为我国虽然交通运输基础设施明显改善，但全社会的物流成本一直居高不下；税制复杂，费用占比高，整体税负高；金融资源配置低效，脱实向虚，金融行业利润偏高，扭曲了货币资本与生产资本的利润分配关系。这些问题严重阻碍了我国经济的高质量发展，抑制了我国经济的抗风险能力和国际竞争力。此次疫情暴露了这些深层次矛盾，中央所采取的政策直接击中了病灶，并采用了非常之策加以扭转，政策力度大，效果明显。但是，短期刺激政策终究要适时退出，是退出后体制复归，还是利用这次政策刺激进行深刻的结构性改革，形成长期政策红利？这需要进行系统、全面、辩证的研究，并且有勇气担当。

第一，作为短期政策之一，我国的高速公路到6月底之前不收费，这对于降低经济复工复产的成本是非常重要的。鉴于中国的物流成本是发达国家平均水平的3倍左右，大大抵消了我国的产业竞争力。借鉴欧美发达国家的经验，可以将高速公路到 6 月底之前不收费改为直接取消我国的高速公路收费，补偿办法是提高燃油税和车船税，但要控制提高的幅度，使实际费用降低一半。另一个选择是，考虑我国高速公路管理的现有业态，作为一项中期措施将现行的高速公路收费标准降低 50%，一定时候再取消收费。这种政策调整就是将现有的高速公路网作为整个社会的基础设施和公用事业，其已形成的投资作为社会沉没成本处理，这将大幅降低我国物流成本，提高我国生产型企业的成本优势。

第二，在现有企业暂缓缴纳职工社保、住房公积金的政策基础上，研究并实施降低企业缴纳相关费用的政策，以降低企业用工成本。大力推进税制改革，调整税收结构，增值税税率在现有基础上再降低 2%，企业所得税税率再降低 2%，同时适当提高部分商品的消费税，整体上实现我国宏观税负下降 3% 的目标。由此产生的支出缺口采用优化支出结构、适当增加财政赤字、扩大国债市场规模的方式加以消化。此长期政策将有助于持续改善营商环境，提高企业微观活力和竞争力。

第三，我国中小企业融资难、融资贵是一个顽疾，即便采取"大水漫灌"增发货币的方式仍然造成经济脱实向虚的局面，导致资产价栺的严重扭曲，伤及企业竞争力和扩大消费的基础。金融资源的垄断和过度金融并存，大大降低了我国金融资源的配置效率，使我国 M2 货币供应量与 GDP 的比值长期维持在 2 倍以上，且有不断攀升之势，增加了金融体系的脆弱性和系统风险性。此次抗击疫情中，通过窗口指导对生产抗疫医护产品的企业贷款迅速、利率优惠，保障了医护产品迅速扩产和新产能的形成，取得了明显的成效。在疫情之后，应当扩大这种货币传导机制的范围，在风险充分评估的基础上，扩大对微观企业尤其是中小微企业直接信贷支持的范围和力度，设定利率上限，限制对企业的表外业务和收费，划定此类业务的最低规模，并对开办此类业务的银行总行定向降低准备金比率，以逐渐扭转金融脱实向虚的局面，筑牢金融支持实体经济的基础。

第四，新冠肺炎疫情已在国际扩散，尤其对中日韩的区域供应链、产业链和价值链可能产生冲击。中国已经成为全球三大生产网络的核心之一（其他两国分别是美国和德国），日韩新冠肺炎疫情的蔓延会反向冲击我国的供应链，进而影响到世界经济。我国在稳外贸、稳外资的同时，要加强与日韩的协调，防止外部供应链的冲击乃至断裂。要主动将原有中日韩供应链的串联模式改造为并联模式，并利用疫情爆发风险的时间差、地区差，实施利用外资的特殊措施，引导日韩供应链关键环节向中国转移，增强整个东亚地区产业链、供应量的韧性，同时有助于我国在区域价值链中地位的攀升。

应该高度重视民生产业

屈贤明

中国工程院制造业研究室主任，国家制造强国建设战略咨询委员会委员，工业和信息化部智能制造专家委员会副主任，国家职业教育指导咨询委员会委员。曾任机械科学研究总院副院长，研究员级高工，中国机械工业联合会专家委员会委员。长期从事机械强度与振动技术研究，以及先进制造技术和装备制造业发展战略、规划研究。曾参加《国家中长期科学和技术发展规划纲要（2006—2020年）》《装备制造业调整和振兴规划》《中国制造2025》等国家重要文件的制定工作。

　　在新冠肺炎疫情得到缓解和控制后，一个紧迫的新考验摆在了全国人民的面前。即如何减轻疫情对中国经济甚至世界经济带来的严重影响，这种影响不仅是当前的、显性的，更应看到长远的、隐性的。我认为，当前应该特别关注的是对第二产业特别是制造业的影响，并及时、精准地采取应对策略。

在与疫情斗争的几个月里，我们看到了中国的医药、医疗器械、食品、物流等与人民生计密切相关的产业能够快速响应，基本满足重灾区和全国人民的需要，同时也看到这些民生产业存在严重短板，值得认真总结经验和教训，并在后续的发展中采取重大改革措施。只有这样，全国人民付出的巨大代价才不会白费。

以下是我就民生制造业的发展提出的三点建议。

一、民生产业发展带来的问题应高度重视

这次疫情防控，暴露出我国医药、医疗器械、食品等民生制造业发展存在严重短板。食品的安全一直是全国人民关注的焦点。近十几年来，2003 年非典、2008 年甲肝、2008 年三鹿奶粉事件、2020 年新冠肺炎等影响极大的疫情及食品安全事件，都是"病从口入"，食用不安全食品所致，也折射出我国食品工业的突出问题。2019 年中国工程院对我国 6 类有代表性的传统制造业的国际竞争力和综合水平与国际强国进行了对比，结果是：纺织、家电两大产业处于世界领先水平（第一），钢铁、石油化工、建材三大产业处于世界先进水平，只有食品产业与世界强国差距大，差在食品安全性上。而对医药、高性能医疗器械的国际竞争力和综合水平与国际强国对比也差距很大，这在本次疫情中也得以充分反映。

医药、医疗器械、食品、健身器具等健康产品制造业与健康管理、医疗服务、物流配送等健康服务业相结合，就构成了健康产业，具有拉动内需和保障改善民生的重要功能，

是"朝阳产业",被美国著名经济学家保罗·皮尔泽称为继 IT 产业之后的全球"财富第五波"。发达国家健康产业增加值占 GDP 的比重超过 15%,而我国仅为 4%～5%,差距巨大,是一个值得深挖的"富矿",必须引起高度重视。

二、医疗器械的自主创新和推广应加快推进

近年来,我国医疗器械产业得到长足进步,如高性能医学影像设备已达到国际先进水平,特别是从这次疫情防控来看,在医疗手术、诊断、体温测量、配送、消毒杀菌等众多场景中,机器人有效地代替人进行作业,降低了很多不必要的风险,使广大民众对应用机器人的认知有了很大提升。当前存在的问题是,虽然我国中高端医疗器械的自主创新能力和供给能力有了长足提升,但推广应用难是最大瓶颈。在这次疫情防控中,国产自主品牌的医疗器械因能快速响应紧急需求而大放异彩。各级政府应抓住机会,大力推广国产自主化的中高端医疗器械。我国人口众多,特别是人口老龄化日趋严重,对各种医疗器械、健身器具、助残和服务机器人的需求将会呈井喷式发展,必须抓住这个巨大的市场需求,促进我国医疗器械产业的大发展。

三、智能化改造前景广阔

这几年我国大力推进智能化改造硕果累累,在这次疫情防控中已得到充分体现。相关的许多企业由于进行了自动化、数字化、智能化改造,可以在用工少、效率高的生产线上 24

小时不停地大批量生产急需的物资，一批经过改造或新研制的生产线在很短的时间就调试好并投入生产。随着越来越多企业复工复产，面对"用工荒"的困局，经过智能化改造的企业优势凸显，有了更大的回旋空间。

制造业是国民经济的主体，是技术创新的主战场。我国制造业已经迈入高质量发展阶段，但是制造业低端产能严重过剩与中高端产品供给能力严重不足、企业投资信心不强、有效投资疲软的矛盾日益突出。因此，必须加大供给侧结构改革，加快实施新一轮技术改造，走智能化改造的道路，引导企业将投资的方向从扩大产能转向提高创新能力和质量效益的内涵式发展方式，稳定有效投资，并保持合理的增速，这是制造业高质量发展的迫切需求，也是疫情过后重整经济、恢复经济所应采取的重大对策。

疫情下提高产业"免疫力"的对策建议

黄汉权　国家发展和改革委员会产业经济与技术经济研究所所长，研究员。主要研究领域：产业经济，农业农村经济，城镇化等。主持和参与国际国内重大课题 100 多项，多次参与国家重大规划、重大战略前期研究和重要文件起草工作，多项研究成果获得党中央、国务院领导批示。

　　突如其来的新冠肺炎疫情对产业产生了重大影响，其中服务业短期受冲击最大，制造业因复工推迟、招工难、物流受阻和产业链衔接不畅，损失也不少；农业影响相对较小，但也要视疫情发展而定。无论哪个行业，受损最大的都是脆弱的中小微企业和底层群众。作为突发变量，疫情冲击是暂时性的，不会改变中国经济长期向好的趋势。但也不能掉以轻心，更不能把疫情影响与非典简单比较。2003 年，中国经济处于加速上升期，非典好比迎头浪，仅给经济带来些颠簸。眼下，经济增速处于下行中，疫情犹如骆驼背上的稻草，可能与其他负面因素叠加共振，成为经济放缓的放大器。

当前，重中之重仍是控疫情，同时也要及时采取措施稳经济，尽快推进复工复产，特别是精准协助解决中小企业面临的用工、税负、租金、现金流等"燃眉之急"，使其渡过难关。有了非典的经验，各部门和各地方已迅速出台应对政策，从房租、税费、补贴、信贷等方面给中小企业"雪中送炭"。考虑到这次疫情冲击力更大、中小企业处境更加艰难，除了尽快落实好已出台政策外，还应聚焦提高产业"免疫力"加大政策力度。

一、强化金融支持，防止资金链断裂引发中小企业倒闭潮

大疫当前，影响企业生存第一位的是现金流。为此，金融政策要首先发力，避免企业资金链断裂。

一是督促金融机构尽快落实好五部门联合发布的《关于进一步强化金融支持防控新型冠状病毒感染肺炎疫情的通知》，对业务受困的中小微企业，尤其是受疫情影响较为严重的行业，实施定向降息、定向降准、定向再贷款，不得盲目抽贷、断贷、压贷。

二是综合考虑全球金融低利率或负利率的时代背景和疫情触发经济进一步下行的压力，建议实施普惠性降息降准，下调贷款基准利率 0.5 个百分点、存款基准利率 0.25 个百分点，同时降低银行存款准备金率，降低融资成本，释放更多流动性，帮助中小企业渡过难关。

三是协助解决企业间相互拖欠应收应付账款问题，特别是督促地方政府、国有企业和大型民企尽快支付拖欠中小企业的项目资金，缓解中小微企业资金压力。

二、加大减税降费，帮助重点地区、企业和人群纾解困难

除落实好已出台的减税降费政策外，财政政策还要精准加力。

一是发行 1 万亿元特别国债，支持受疫情影响较大的重点地区、重点行业（企业）、重点人群，尽快恢复当地经济和产业发展。

二是对疫情影响较为严重的湖北省等地区以及交通运输、住宿餐饮、批发零售、文化旅游等行业，及时下调一年增值税税率 3 个百分点，同时免征当年城市维护建设税、教育费附加等政府性基金，减免房产税、城镇土地使用税等。

三是对减免中小企业租金和物业费的民营商业地产企业，允许以减免租金和物业费的 70% 抵扣当年所得税。

四是对个体工商户、餐饮服务员、导游等受疫情影响较大的中低收入群体免征当年个人所得税，或在个税汇总申报时给予返回上年个人所得税。

三、支持复工复产，推动经济运行尽快恢复正轨

支持企业尽快复工复产，是帮助企业摆脱当前困境的根本之策。

一是分区、分业、分类指导，避免"一刀切"，全力支持各类生产企业复工复产。疫情较轻和连续 14 天新增疑似及确诊病例零增长的地区，适时降低公共卫生安全事件响应等级，在做好防疫工作前提下，允许各类企业复工复产。疫情较重地区，分轻重缓急，有序推动生产类企业和非人流密集行业复工复产。疫情严重的湖北省，优先保证保障民众生活的重点行业复工复产。全面叫停部分地方"行业禁令""复工审批""劝返外地员工"等限制开工的做法，不得以任何借口限制符合条件的企业复工复产。

二是协助解决企业复工复产遇到的用工、防控物资保障、原材料供应、物流运输、市场开拓等实际困难，让企业能够顺利开工复产达产，特别是不能让防护用品短缺成为企业复工的掣肘。对暂时不能复工的企业，支持其灵活安排生产、在线办公。

三是加强就业培训和指导，对因疫情失业人员，在自愿的基础上，尽可能安排到临时增加的维护公共卫生秩序等服务岗位，加大对因疫受灾返贫群体的生产支持和补贴力度。

四、扩大国内需求，支持重点领域消费和补短板投资

要为疫情后消费报复性增长创造条件，并加大弥补产业短板的投资。

在消费方面，对受疫情影响严重的行业通过发放消费券、支持线上培训、提前安排带薪休假等方式，扩大旅游、文化、培训等服务消费；大力发展线上消费、远程医疗等新型消费业态，培育新的消费增长点；加大消费信贷支持力度，鼓励

适度贷款消费，允许消费者将第一季度分期还款延至第二季度，对第一季度出现的延迟还款不列为失信行为。

在投资方面，加大公共卫生特别是流行病防治设施和服务投入，支持生物、中医药产业和远程医疗新业态发展，培育新产业新动能；顺应线上销售、线上教育等数字经济和居家办公等"宅经济"发展需要，加快5G、人工智能、工业互联网等新型基础建设，加速发展数字经济，推动产业数字化、智能化转型。

以更有力、更有效的供给侧政策应对新冠肺炎疫情的冲击

郑江淮

南京大学产业经济学系教授、博士生导师，经济学院副院长。研究方向：产业创新、结构变迁和发展，全球生产分工与经济增长，经济发展与转型。

　　当前我国经济的发展水平、发展阶段、经济周期以及与世界经济的联系较非典时期已经发生明显变化。这次新冠肺炎疫情对我国经济的影响程度更大，影响更为复杂，需要采取更有力、更有效的供给侧政策来尽快弥补疫情造成的损失。

　　首先，我国经济面对疫情冲击的抗击能力显著增强，但经济系统的脆弱性有所上升。2019 年我国国内生产总值达99.1 万亿元，是 2003 年（11.7 万亿元）的 8.5 倍。第二、三产业总就业人数 2019 年为 5.8 亿，比 2003 年（4.8 亿）多 1亿。先进制造业、大数据、人工智能等新动能产业发展规模

也数倍于 2003 年的水平。这意味着我国抵御这次新冠肺炎疫情的实力大大强于非典时期。然而，由于经济体量、结构的变化，即使疫情影响 GDP 下降的百分点与非典时期相同，对经济造成损失的规模和波及效应也远远大于非典时期。其中主要原因是我国经济目前已经进入服务业占比大于制造业的发展阶段，第三产业在总体经济中的比重、对 GDP 增长的贡献度均明显反超第二产业，分别从 2003 年的 33.2%，26.2% 上升至 2019 年的 53.9%，60.5%。发展内需与服务业成为驱动我国经济增长的主要力量。由于相当一部分服务业具有显著的季节时效性，疫情期间对服务业的冲击很大程度上是净损失，难以通过疫情之后加班加点得到弥补。因此，我国经济总体上受疫情冲击的脆弱性显著大于非典时期。

其次，面对疫情的冲击，居民就业、收入下降与债务风险加大，金融风险隐患上升。相比非典，此次新冠病毒传染性更强、潜伏期更长，地方政府和社会舆论重视程度更高，企业复工率要明显低于非典时期。[①] 劳动力密集型行业就业形势可能显著恶化，导致失业率大幅抬升，收入增长预期下降。目前我国企业与居民端基本处于上一轮债务周期的顶部，企业部门仍处于去旧产能、降低杠杆的阶段，过高的债务水平与经济下行压力，加之当前的低复工率加大了民营中小企业

---

① 根据对江苏、浙江的调研，截至 2020 年 2 月 17 日，规模以上工业企业复工率在 7 成左右，中小微企业复工率要明显低于大企业（江苏规模以上工业企业复工数 31 379 家，复工面达 69%；复工企业已复工人数 347 万人，占正常用工数的 56%。浙江开发区规模以上企业平均复工率达 70.60%）。相比之下，2003 年非典疫情爆发是在当年春节之后，就全国来说企业生产秩序未受较大冲击，用工水平基本保持常态。

的生存压力。居民和企业债务压力增加，极有可能造成大面积资金链断裂和债务违约，最终引发系统性风险。[①]其中大量中小民营企业首当其冲，普遍面临融资难、融资贵的问题，更有可能因为当前经营状况的恶化和融资困难而破产。

问卷调研显示，疫情对于我国企业的冲击是全面性的：超过八成的企业反映营业收入会受到一定的冲击；超过75%的企业反映现金流会受到一定的压力；超过六成的企业反映客户的需求受到疫情冲击而下降；接近一半的企业称疫情期间物流受到较大冲击，企业的产品和服务难以提供给客户；还有接近一半的企业表示由于原材料采购存在困难和企业员工无法按期正常上岗等方面的因素，开工率和生产端受到冲击。另一项有关企业现金流受冲击问题的统计调查显示，虽然经营性的问题是现金流面临压力的主要原因，但也有约一成企业谈及银行抽贷和贷款难以展期的问题。

最后，疫情对我国制造业的冲击表面上可以通过加班加点得到弥补，但从产业链看，却遭遇产业链断裂、混乱，抵消了制造业延时和规模扩张的增长效应。我国作为世界工厂，在制造业全球分工中遍布上中下游。如今发达国家跨国企业对我国工厂的依赖程度比2003年高得多，2019年我国占全球GDP的比重达16.5%，2003年仅为4.4%。现在，我国的纺织品和服装出口占全球40%，家具出口占全球26%。我国也是金属等制造业原材料的消耗大户。2003年，我国吸收了全球矿业进口的7%，如今已接近1/5。

---

① 在对江苏企业最新的一项调研中发现，有58.6%的中小微企业认为此次疫情对本企业生产经营有严重影响，50.9%的中小微企业现金流将在3个月内枯竭。

疫情首先冲击手握国内外下游企业订单的上游企业，进而波及下游企业，冲击扩散效应遍及的世界范围要比非典时期更加广泛，世界各国进出口企业生产和经营都因此面临较大的冲击或不确定性。尤其是以美国为首的多个发达国家和地区限制中国航班来往，大大冲击了服务于制造业基地的总部人员流动。美国商务部部长扬言要抓住这次疫情对中国制造业冲击的"机遇"，加快制造业回归美国。不仅如此，美国政府还宣布在对美贸易中取消中国作为发展中国家的身份，加大对我国华为公司、航空发动机进口等限制。美国政府这些声音和举措对我国制造业深度参与全球化、攀升全球价值链高端环节造成了很大的不确定性。考虑到疫情已经在意大利、日本、印度、印度尼西亚、新加坡等国大规模扩散，本次疫情将对全球制造业产业链的稳定造成进一步冲击。

基于上述判断，应对疫情冲击需"降成本、真救助、稳供给"，实施更有力、更有效的供给侧政策，不仅要及时，而且要有一定的持续性。

一是突出财政政策的首要作用，加大财政支出扶持力度，给予企业减免税收。加大疫情相关的财政支出，扩大研发、生产防疫救治物资的财政兜底范围，提升防疫物资生产厂家的产量。减免受疫情影响严重的交通运输、旅游、餐饮、住宿等服务行业1—5月份的增值税，企业亏损金额可抵减盈利月份的金额以降低所得税。对税务申报困难的中小微企业，由企业提出申请，依法办理延期申报。对确有特殊困难而不能按期缴纳税款的企业，由企业申请，依法办理延期缴纳税款，最长不超过 6 个月。对参与捐赠的企业和个人，予以企业所得税和个人所得税的抵扣，并不受现行企业所得税税前利润 12% 限额的约束，以鼓励更多的社会捐赠。

二是采取更有力、更有效的金融服务和流动性资金支持。对受疫情影响的中小微企业，给予 1 ～ 3 年应收账款、流动资金贷款或其他信用贷款，也可由各级政府性融资担保机构提供财政贴息担保或抵押贷款，并取消反担保要求。精准匹配企业需求与金融供给，切实加强金融机构对实体经济的支持，在不抽贷、不限贷（例如，对到期还款困难企业予以展期或续贷）的前提下，在信贷等方面加大对企业支持，不局限于财务报表，而是从业务实质出发，有效化解企业面临的合同融资困难，银行机构应适当减免企业转贷成本及服务项目收费。重点加强走出去企业信贷支持，对出口订单因不可抗力而遭受损失加大保险支持。

三是减免或允许延迟缴纳社保费及租金等，切实帮助企业减轻经营负担。在此次疫情阻击战中，中小微企业是最广泛的受灾者。有关部门应允许企业按劳动合同约定标准正常支付工资，而无须双倍支付。允许因受疫情影响面临暂时性生产经营困难、确实无力足额缴纳社会保险费的中小微企业，可减免或缓缴企业和个人的社保费和公积金，缓缴期最长 6 个月①，6 个月后企业足额补齐缓缴的社保费和公积金，不影

---

① 2 月 18 日国务院常务会议决定：阶段性减免企业养老、失业、工伤保险单位缴费，除湖北外各省份 2—6 月可对中小微企业免征上述三项费用，2—4 月可对大型企业减半征收。6 月底前企业可申请缓缴住房公积金。各地须尽快制定具体执行办法，让广大中小微企业早日受益。

响参保人员的个人权益。对面临暂时性生产经营困难且恢复有望、坚持不裁员或少裁员的参保企业，可给予社保费返还。对不裁员或少裁员的参保企业，可部分返还其上年度实际缴纳的失业保险费。对承租政府举办的科技创业园、科技企业孵化器、众创空间等国有资产类经营用房的中小微企业及团队，免收一定期限房租；对在疫情期间为承租企业及团队减免租金的其他各类载体，优先予以政策扶持。缴纳房产税、城镇土地使用税确有困难的企业，可申请房产税、城镇土地使用税的减免。

四是实施货物流通有关的优惠政策。交通运输实施临时性通道免费，降低疫情防控时期民营中小企业的物流成本；政府财政下拨专项资金，支持物流企业加大整合组织力度，形成绿色通道，解决运输问题，保障疫情期间及复工后的各项运力。对于从事进出口业务的企业，实行"先放行、后清关"的短期政策，保证企业能够尽快拿到货物，尽快恢复生产。经空运、海运及火车运输的进口货物，由于假期延长，部分货物已经超过海关规定的免仓储费期限，建议一律免去企业在此期间产生的港口仓储费，减轻企业负担。支持企业尽快恢复对外贸易，为企业及时出具国际商事证明书服务，包括出具不可抗力事实性证明等，保障企业应对各类风险和通关结汇顺利进行。发挥政府和国家驻外机构联络沟通职能，主动帮助企业缓解海外客户担忧，支持企业海外营销。

五是加快推进我国先进制造业创新，进一步加强对人工智能、大数据等新一代信息技术突破和产业化的政策支持，在产业链全球分工波动和变迁中牢牢建立起以我为主、自主可控的全球价值链。

从中长期看，需要大力推进制造业创新，促进先进制造业企业加大创新力度，鼓励国际创新合作、国际技术投资，加强国家、省、市制造业创新中心体系建设，加快关键产品及技术的国产替代进口的步伐。鼓励加快新一代信息技术突破和产业化，"十四五"期间，在制造业方面，要深入推进智能制造示范区，加强全国范围内智能工厂、智能车间建设，降低企业使用机器人的成本，提高机器人使用密度，促进制造业企业加快智能制造改造、转型和升级；加快发展以公共医疗为核心的应急产业，提升产业智能化水平和产业链协作能力。

在服务业方面，对于疫情中兴起的以云计算、5G、线上业务为代表的新兴知识密集型、信息技术密集型服务企业，加强对其创办、扩张以及相应基础设施投资的支持。

此外，要高度重视维护产业链安全，推进自主可控的全球价值链建设，加强产业关键核心技术研发攻关，抢占全球制造业制高点；以知识产权保护为导向推进各类开发区从政策优惠地向营商环境高地转变，进一步增强对于全球产业资本的吸引力；顺应未来生产制造向消费地转移的大趋势，加快走出去，特别是加大向发达国家走出去的步伐，更好更快地适应当地消费市场。

加快从"失序"到"有序"，
有效启动经济循环

顾　强

华夏幸福产业研究院院长、博士后工作站负责人。先后在纺织工业部、国家经济贸易委员会、国家发展和改革委员会、工业和信息化部工作，曾任工业和信息化部规划司副司长。长期从事工业发展战略、规划及政策研究工作。

近两年中国经济趋势性下行，2020年以来叠加新冠肺炎疫情的严重影响，对经济冲击巨大。从第一季度90天工时来看，工业和建筑业（GDP占比超过40%）因工时影响（制造业平均影响工时10天、建筑业平均影响工时15天，并适当考虑连续生产行业的产能），当然这只是保守估计（从燃煤电厂发电情况看影响更大，目前复工只是企业数量占比，不是产能占比），影响GDP约4.7个百分点。再加上餐饮住宿、交通运输、批发零售、文化娱乐（非线上部分）等服务业的影响，短期相当多的领域休克、停摆，对第一季度经济增长影响已难以估算。按照用电量恢复、实际复工水平等情况判断，2020 年第一季度中国经济大概率出现负增长。因疫情影响增速下降已是事实，应该本着实事求是的态度对待。针对疫情中的中国经济提出以下建议。

一、以更加鲜明态度，对"反应过度"纠偏，加快从"失序"到"有序"

各级政府出台了大量政策，但真正能救助的企业依然十分有限。最核心的是整个社会如何尽快恢复正常秩序，比如，公园的大门正常打开，社区的服务正常开放，企业的物流正常通畅。如对于非疫区的人，如去另一个非疫区出差，回来就隔离 14 天，秩序就无法恢复到常态。如果态度不鲜明，恐慌和不安情绪弥漫，秩序无法修复，即使再多政策，都无济于事。各级政府"既要、又要"的模糊态度导致基层左右为难，企业和公众无所适从。需要更鲜明态度、更明确的措施（如复工安排计划），使整个社会从"失序"到"有序"状态。硬策略在传播初期发挥的作用十分明显，但随着疫情的有效控制，防控策略必须做出适度调整，考虑采取"软策略"，更多依靠各个组织和个人防控为主，以医疗资源承载力满足基本需要为前提，做好疫情应对。

二、紧紧抓住牛鼻子——启动有效需求、重启经济循环

各地都在启动重大项目，但因外地工人回流不快，有的因需隔离也无法即时复工。最近不少政府在出让土地，但地

产销售断崖式跳水，基本无法进场施工，难以实质性启动。企业不正常复工，投资需求以及对产业链上游的需求就无法形成。大量人口没有回到工作地，很多消费就无法恢复。很多工厂已复工，但产能没有完全恢复。经济急停之后，如何使整个链条重新运行起来，需要突破启动的最大静摩擦力。政府需求先行启动，其他基建和房地产需求也需尽快启动，1—2月份正常房地产销售1万亿元左右，目前看影响在30%以上，需求延后不能有效启动，建材、建筑、物流等上游和相关领域恢复就大打折扣。要根据市场需求恢复的特点，从终端需求入手，分类施策，经济循环才能快速重启。本次疫情中，供给端和需求端双双受损，供给端全面启动受制于需求端，需求端的修复也有赖于供给端的复产率提升。所以，政策的着力点不仅要放在复工复产上，也要着力修复消费。

三、以确保企业存续为目标，对需求延后领域的企业债务实施新旧置换，避免系统性风险

目前看，由于正常经济活动阻断，在无法获得外部新的融资性现金流支持的情况下，根据德勤企业信用团队的估计，20%～30%的企业在6月份前现金流会枯竭（上市公司）；非湖北地区约20%～30%的企业信用风险水平提升，湖北地区则约35%～55%的企业信用风险水平提升；恢复到正常的现金流水平，大部分企业需要5个月左右的时间。相当一部分公司第一季度收入降低10%以上，支出则是刚性的，收入降幅大的企业面临着流动性风险。

过去几年，在政府和城投债务中采取了债务置换。如果对于疫情影响较重、需求仍在但延后的公司进行再融资借新还旧，或对停摆期和恢复期到期债务进行展期，到恢复期结束再偿还，企业生存状况将会极大改善，银行不良债务也不会急剧上升。目前银保监会提出对新冠肺炎疫情影响较大地区的银行适当提高监管容忍度，并给予一定的宽限期或灵活安排，建议对于相关行业受损企业也采取类似做法。目前看，债务链引发的问题会迅速增加，要提前制定债务处置方案，防止"三角债"引发更大范围的蔓延，使更多企业陷入困境，同时银行和金融机构的不良率也会急剧上升。这就会使整个经济"伤筋动骨"，需要引起高度重视。

四、尊重发展规律，按中心城市—都市圈—城市群路径推进城镇化向优势区域集中

城市规模扩张和人口增长是对城市管理者治理能力的巨大挑战。中国已出现世界上最大的城市化地区，这是由人口基数和地域空间特点决定的。若是将疫情蔓延归咎于城市本身的高密度和流通性，而不去反思城市自身的治理体系和防控能力，就会采取控制城市规模、限制人口流入这样削足适履的方式。亡羊补牢的做法是让城市自身的治理体系和防控能力与城市规模相适应。

第一，补足城市公共服务短板，加强城市卫生"新基建"。如特大城市规划"小汤山"模式的集中救治场所，设立移动式预制组装式医院。

第二，放开政府权力闭环，切实提升城市治理能力。仅仅依靠政府自身的职能部门远不足以应对现代城市事务的复杂性。如武汉捐赠通过引入社会力量参与，极大地提升了物资运转效率。

第三，优化城镇空间结构，构建网络化城镇体系。借鉴东京都市圈新城发展的 TOD（以公共交通为导向的开发）和SOD（以社会服务设施建设为导向的开发）理念，通过立体交通网络有机连接都市圈周边中小城市，形成立体交通网络化、公共服务匀质化的城镇化空间，真正实现"城市让生活更美好"的初衷！

制造业企业复工复产难
对宏观经济的扰动及其应对

沈坤荣　　　南京大学商学院院长，教授、博士生导师。教育部高等学校经济学类专业教学指导委员会委员，江苏省人民政府参事，南京大学－霍普金斯大学中美文化研究中心兼职教授，国家社科重大项目"中国经济增长潜力与动力研究"首席专家，教育部"长江学者"特聘教授，国务院政府特殊津贴专家。兼任中国工业经济学会常务副理事长。

全国复工复产陆续开启，但是苏南和浙江部分地区制造业企业复工存在一定困难，对产业价值链乃至宏观经济的影响较大。特别地，2020年是全面建成小康社会和"十三五"规划收官之年，如何将疫情扰动带来的冲击和影响降到最低，保持经济平稳运行和社会和谐稳定？我认为，既要立足当下，统筹疫情防控与经济社会秩序恢复，创造条件促进非疫情防控重点地区的制造业企业尽快复工复产；更要着眼长远，针对本次疫情暴露出来的短板和不足，落实改革举措，提供制度保障。

一、疫情给制造业企业带来的冲击——复工复产难

随着新冠肺炎疫情的蔓延，制造业企业普遍出现复工复产难，具体表现为劳动力短缺、中间品供给不足、营商环境恶化。

第一，返工难——劳动力短缺。疫情对劳动力流动的限制加剧了户籍制度引发的劳动力市场分割，城市本地劳动力可在家办公或达到一定防疫标准后上岗，例如在本地隔离连续满 14 天无任何症状、所在小区未出现疫情。对农民工而言，交通阻断影响返城，而社区封闭管理导致临时居住场所短缺，进而影响返岗，如果企业不集中安排住宿或将被劝返。因此，短期内会出现"用工荒"。

第二，配套难——中间品供给不足。我国东南沿海地区的制造业垂直专业化分工程度较高，一个企业的产成品同时也是另一个企业的中间投入品，叠加企业追求精益生产，原材料和零部件库存整体上处于较低水平，因此上游某一关键环节延迟复工会影响下游的正常生产。如果企业对疫情存在理性预期，并由此引发"囤货""抢单"，这在一定程度上也会加剧中间品短缺。为了实现紧急供货，短期内中间品进口贸易会快速扩张。

第三，经营难——营商环境恶化。短期内企业工资、社保、利息等刚性支出以及防疫措施①、交通管制引发企业运行成本上升，而产能不足导致现有订单无法按时交付，资金链

---

① 除了保证口罩、消毒酒精、额温枪等医疗物资至少一周的连续保有量，还要完成全面消杀防护、独立分餐、健康申报、职工晨检、应急措施等预备工作，直至主管部门完成现场审查。此外，企业法人要签订疫情防控承诺书，承诺自己作为本企业疫情防控工作第一责任人。

面临断裂风险。更令人担忧的是，在防疫特殊时期部分地区主管部门掌握企业复工审批权，由于存在审批拖延，很多企业目前只能评估库存信息，无法确定复产时间。另外，企业法人是企业疫情防控工作第一责任人，由于职工存在瞒报疫情的道德风险，如果出现疫情，企业法人将承担连带责任，企业将被迫停产。

二、企业复工复产难给宏观经济运行带来负面影响

本次疫情已经对宏观经济运行产生负面影响，可能会引发中小企业倒闭潮、失业潮，破坏制造业产业生态，造成市场预期不稳、市场信心不足。

第一，引发中小企业倒闭潮、失业潮。与大型企业相比，面广量大的中小企业更难获取复工许可 ①，长时间的停工停产将加剧中小企业生产经营困难。尽管央行已经投放巨额流动性，大型企业和中小企业之间的资本错配仍然严重。站在金融安全的角度，如果中小企业资金链断裂风险进一步蔓延，就会诱发系统性金融风险。站在稳就业的角度，中小企业提供了80%以上的城镇就业岗位，如果中小企业出现倒闭潮，会加大稳就业压力，甚至出现失业潮，影响社会稳定大局。

第二，破坏制造业产业生态。疫情扰动引发制造业产业链、供应链中断，抑制内外商务经贸活动，短期内部分行业

---

① 大型企业对地方的经济贡献大，可以不计成本做好防护，例如动用全球关系网络尽快实现医疗物资到货，而且目前应急物资清关很快，因此办理复工许可证的周期较短。中小企业经济实力有限、供货渠道有限、进出口经验有限，较难达到符合复工的防控物资标准，因此办理复工许可证的周期较长。

有产业转移替代的风险，由此引发的冲击将超过美国特朗普政府挑起的中美贸易摩擦，威胁国家经济安全。疫情结束后，中国企业将面临更为复杂的国内外竞争环境。

第三，造成市场预期不稳、市场信心不足。当前的担忧不仅包括短期内中小制造企业经营困难和产业转移替代风险，还有投资、消费预期下滑。复工复产难和较大的不确定性可能引发市场主体的负面预期，导致企业延缓投资项目建设进度、居民推迟传统大宗消费计划。因此，在积极应对疫情的同时，需要加大宏观政策调节力度，稳定市场预期，提振市场信心。

三、当前形势下克服疫情扰动的几点对策

总之，既要立足当下，统筹疫情防控与经济社会秩序恢复，创造条件促进非疫情防控重点地区的制造业企业尽快复工复产，努力实现 2020 年经济社会发展目标任务，更要着眼长远，落实改革举措，提供制度保障。

首先，立足当下，统筹兼顾。加强疫情特别严重或风险较大地区的防控，湖北省特别是武汉市依然是疫情防控的重中之重。在局部疫情得到全面控制的同时，非疫情防控重点地区要采取综合措施促进制造业企业尽快复工复产。

第一，制定企业有序复工复产的路径，即以制造业特别是外贸企业率先恢复生产为抓手，带来局部生产性服务业的恢复生产，进而带来生活性服务业的恢复生产，最终实现全面复工。

　　第二，分区分级制定差异化防控策略，对偏颇和极端做法要及时纠正，不搞简单化，一关了之、一停了之，尽可能减少疫情防控对企业生产、人民生活的影响。特别地，通过加强国家免费救治新冠肺炎患者的舆论宣传，增加职工申报身体异常信息的意愿；通过为企业购买保险，降低企业由复工复产带来的疫情成本。

　　第三，完善支持中小企业的财税、金融、社保等政策，缓解企业经营困难。

　　其次，着眼长远，深化改革。针对本次疫情暴露出来的形式主义、官僚主义等问题，例如"一刀切、层层加码"，有些疫情较轻地区盲目照搬疫情严重地区的防控措施，设置高复工门槛拖延复工等，既是部分官员懒政不作为、缺乏担当的表现，也反映了地方政府治理能力和服务水平存在薄弱环节。为此，一方面要完善干部考核评价机制，建立健全容错纠错机制，激励广大干部新时代、新担当、新作为；另一方面，要重构地方政府激励机制，使其在创新发展、人才培养、城市群建设、产业转型升级等层面继续发挥正面作用。

对 2020 年积极财政政策的思考与建议

林毅夫

北京大学新结构经济学研究院教授、院长，北京大学南南合作与发展学院院长，北京大学国家发展研究院名誉院长。全国政协常委、经济委员会副主任，国务院参事室参事。曾任世界银行首席经济学家兼负责发展经济学的高级副行长。

2020 年是全面决胜小康社会收官之年，受到中美贸易战、国际经济复苏缓慢和国内经济结构调整的影响，2020 年我国经济持续下行的压力原本就不小，新冠肺炎疫情爆发并在世界多国蔓延，美国股市急剧下跌带动其他国家的股市也纷纷应声下滑，内外经济形势更是雪上加霜。面对此形势，我国有必要保持货币政策的灵活和适度宽松来保证实体经济融资的合理增长，同时，也有必要加大积极财政政策的力度来扩大需求，以稳定增长和信心。对做好积极财政政策，提出以下三点建议。

一、加大政府支持投资项目的力度

积极财政政策有两种不同的方式：一是减税降费；二是增加政府支持的投资项目。前些年我国的积极财政政策侧重于减税降费。受到新冠肺炎疫情影响较大的产业和中小企业 2020 年有必要继续减税降费以助其渡过难关，不过总体来说积极财政政策的思路有必要调整为增加政府财政支持的投资项目。在经济下行趋势下，增加需求是稳定增长的关键。过去的看法认为，减税降费会增加企业所得和家庭收入，由此投资和消费都会增加。上述机制有多大的作用取决于企业和家庭对未来经济增长的信心。在国内外经济下行压力明显的状况下，企业和家庭即使所得和收入增加，但转化为投资和消费的意愿不会太强，我国 2018—2019 年减税降费的效果就呈现这种情形。其实，美国特朗普总统上台以后大幅减税也同样出现未能实质刺激投资和消费增长的结果。当然如果从改善营商环境的供给侧结构性改革的角度，还有减税降费的空间。另外，为帮助受到新冠肺炎疫情冲击的企业渡过难关，减税降费还值得推行。但是，作为稳增长的措施，用政府的财政支持一些消除高质量增长瓶颈的投资项目的效果会更加直接。而且，这样的投资不仅会带来需求的增长，还会创造就业，增加企业和家庭收入，提振对未来的信心，投资和消费都会因而增加。

二、财政赤字率不必受 GDP 3% 的束缚

在国际和国内都有一个盛行的观点，认为政府每年的财政赤字不应该超过 GDP 的 3%。这个观点是 OECD 成员提出

来的，但是 OECD 成员的情形和我国有两点不同：

首先，OECD 成员的财政赤字主要用来支持消费方面的社会保障和失业救济等，我国的财政赤字则更多用来支持投资。支持消费的项目用完了就没有了，如此的财政赤字会形成净负债；支持投资的项目则会形成资产，政府净负债的增加会少于表面的财政赤字。国际货币基金组织在 2018 年出具的报告认为，在评估政府的债务可持续性时不能只看负债总额和占 GDP 的比率，更应该看净负债的总额和比率。

其次，增长率不同。OECD 是高收入国家，经济增长率低，每年最高也就 3%；我国还是发展中国家，过去 40 年 GDP 年均增长率高达 9.4%，即使现在有所放缓，也可以达到 6% 左右，是 OECD 成员的两倍。债务是不是可持续和增长率是高度相关的。另外，和其他发展中国家相比，我国也有所不同。除了我国 GDP 的增长率较一般发展中国家高之外，我国政府的财政赤字都是以人民币发行的内债而非外债，出现债务问题的国家通常是外债到期未有足够外汇偿还引起的，我国无此问题。

从上述分析来看，我国不需要以 OECD 国家提出的 3% 的财政赤字率来束缚自己的手脚，应该针对宏观经济的整体情况和国内经济社会发展的需要来决定到底什么是合适的赤字率。就当前情况而言，有必要也可以突破 3% 的界限。

三、政府投资应侧重社会回报高的项目

政府的投资项目过去主要是用地方政府的投资平台来融

资，现在改为地方专项债，这个办法更为透明，是一个进步。目前中央的政策是，只要是好项目，地方准备好了，就可以发债。项目好坏的一个标准则是经济回报率的高低。这个标准值得商榷，因为如果项目的经济回报率高，企业就会投资，并不需要政府来做，需要政府投资的是企业不愿意做但对社会经济的高质量发展至关重要的项目。企业不愿意做可能有两个原因：一是项目的回收周期长，10 年、20 年、30 年甚至更长，回收周期长，占用资金多，风险就大，企业承担风险的能力低。二是项目有外部性，有利于提高整体经济的运行效率和质量，社会回报率高，但是经济回报率低。例如道路交通的路网基础设施和环保项目。这些项目若只计算经济回报并不见得合算，为了高质量的经济、社会和生态发展，必须由政府负起投资的主要责任。对这种需要由政府来承担的项目，国际货币基金组织在 2014 年 10 月份出版的《世界经济展望》里专门论述在经济下行时来做最合适。所以，在准备政府项目、评估回报时，应该以社会回报而不是经济回报为标准。

聚力社会安全 优化财政政策

白景明

中国财政科学研究院副院长，研究员，博士生导师。著有《公共经济》《资金市场》《财政与发展》《服务经济学》等著作，在国内报刊发表论文、经济评论200余篇。

　　新冠肺炎疫情防控对我国的社会制度是一次考验，各项举措短时间成效显著，充分表明有中国特色的社会主义制度能够救中国、治理好中国。从此间人财物调配和全社会稳定程度看，建立完整自主的工农业生产体系、物流体系、基础设施体系和国有经济体系（包括国有金融体系）是完全必要的。恰恰是这些体系的完备保证了社会安全，使14亿人口的国家在疫情突发期间没有出现过度恐慌、物价飞涨、病无所医、物资匮乏等问题。因此，今后中国必须坚持走自己的路。

财政是社会安全的基本资金保障体系。社会安全赖以存在的经济体系的运转与财政政策的支撑密不可分。财政对农业每年 6 000 多亿元的投入和减免税政策支撑了农业生产，使我们的饭碗端在了自己手里；增值税税率大幅下调和企业所得税加计扣除政策维持了门类齐全的制造业的稳定；每年上万亿元的基础设施投入使基础设施供求平衡度不断提升；等等。今后积极的财政政策要提质增效，理应聚力社会安全，仍须更多从经济安全角度确定政策方向、政策力度和政策实现方式。从当前疫情防控实践启示角度看，具体可从如下几方面入手。

一、继续实施减税政策

针对疫情对经济的负面影响，近期出台了一系列减税政策：涉及增值税、个人所得税等多个税种。但这些政策总归是应急之策，现在还应探讨维护经济安全和社会安全的长期税制安排，比如增值税改革，前期降低了两档标准税率，下一步应继续推进简并税率，把目前的三档标准税率简并为两档。简并税率似可考虑再度降低税率，把 13% 的高档税率下调至 10%，取消 9% 的中档税率，低档税率仍可保持 6%。这样做有三点积极意义：一是把最高税率与低税率差距缩小 3 个百分点，可确保增值税收入降幅平稳；二是调低最高税率可大幅减轻工业品生产和流通的税负，从而确保工业生产体系和物流体系完整性长期可持续；三是两档税率差距缩小可减轻改革难度，不至于使各行业在税率遵从上过度讨价还价，更多地体现了行业税负公平。

二、加大支出结构调整力度

与发达经济体相比，我国支出结构离散度比较高，个人间转移性支出比重相对低，购买性支出和资本性支出比重比较高，其突出表现就是经济领域投入较多。从实践效果看，这是中国经济发展模式选择的必然结果，也确保了以经济安全维护社会安全战略的落实。但这次疫情也提示我们有必要再度调整支出结构。具体有如下三个方面问题需要解决：

一是调整农业投入结构。目前农业投入资金量大但高度分散。农业生产基础环节投入相对不足，特别是种业发展投入相对薄弱。今后应在种子的生产、流通和储存三个环节同步加大投入，把农民的农产品生产补贴和国产种子的推广结合起来。这样做的目的是逐步降低对国外种业的依赖，真正把饭碗端在自己的手里。

二是加大物资储备投入。物资储备事关社会安全，更是应对紧急状况的基本物质手段。目前我国的物资储备支出在2 000亿元左右，占财政支出比重约为10%。从14亿人口和突发事件频率以及产业波动程度看，投入规模明显不足，今后应加大投入。其中至为重要的是调整储备结构。目前储备结构过于单一，基本上是粮油产品储备。今后应增加日用工业品、基本医疗物资等的储备投入，可从实物储存投入和增加储备基金投入两方面入手。

三是增加公共卫生投入。本次疫情应对明显暴露出了预算安排上的问题。比如短短两个月的时间安排了800多亿元投入，这从反面说明原有年度公共投入规模不能应对公共卫

生支出需求。增加公共卫生投入应向卫生监督和重大流行病
防控研发项目倾斜。

三、加快深化预算管理改革

本次疫情扩散面宽、扰动性强，直接影响要素流动。在
此背景下，经济下行压力增强带来的减税额快速增加，外加
政策性减税，2020 年税收增速势必低于 2019 年的 1%。为此，
只有加强预算管理才能缓解收支矛盾，必须依靠用好资金应对
支出需求扩张，而不能靠赤字急剧膨胀来满足支出需求。在当
前的形势下，尤其要高度重视防控物价上涨，其中更为重要的
是防止出现赤字扩张型通货膨胀。加强预算管理本质上是化解
至少是缓解财政收支矛盾的基本途径。加强预算管理治本之策
是深化预算管理改革。做到这点似可从三方面入手：

一是加快完善支出标准体系建设。其中至为重要的是调
整支出标准结构，降低一般性支出的支出标准水平。

二是加强推进政府购买服务。事业单位供养是我国财政
支出的重头戏，今后应在加快推进事业单位改革基础上优化
财政支出。为此，有必要通过简并机构、稳定队伍的方式来
减少事业单位数量，其后通过政府购买服务的方式实现公益
类事业单位部分财政拨款的"拨"改"买"。这样做即可节约
资金又可提高资金使用效率。

三是完善预算绩效管理。在这方面，关键是强化绩效评
价结果运行。坚决把基本支出绩效评价与人员经费支出挂钩，
坚决通过绩效评价压缩掉不必要的项目支出。

防控新冠肺炎疫情，
财政政策要更加积极有为 ①

朱　青　中国人民大学财政金融学院教授、博士生导师。兼任中国税务学会副会长，中国财政学会常务理事和北京市税务学会副会长，国家税务总局税务干部进修学院特聘教授。长期从事宏观经济管理、财政税收理论、中国税制、国际税收、税务筹划及社会保障等领域的教学和研究。

2020 年 2 月 21 日，中共中央政治局召开会议，会议提出"积极的财政政策要更加积极有为"。

在理论上，所谓积极财政政策，就是财政预算要安排一定的赤字。积极财政政策在我国提了很多年，其对宏观经济的调控发挥了很大的作用。这些年来，在使用积极财政政策时也有一个"紧箍咒"，就是赤字率不能突破 3%，即一般预算赤字要在 GDP 的 3% 以内。这个 3% 被人们说成国际惯例，或者不能突破的"铁律"。从这些年的实践来看，我国的赤字

① 本文首发自 21 财经，有修改。

率最高也就是 2016 年的 2.93%，2019 年是 2.8%，都没有超过 3%。那么，在 2020 年防控新冠肺炎疫情，财政政策要更加积极有为的情况下，赤字率需不需要超过 3%，就成为一个值得研究的问题。

在回答这个问题之前，我们先说一下"3%"是怎么来的。大家知道，欧盟在 20 世纪 90 年代初提出要推出欧元，但欧盟成员国一旦加入了欧元区就必须放弃本国货币。如此，欧元区国家就只剩下财政政策而失去了货币政策，形成了所谓宏观政策的"独轮车"。这种条件下，如果欧盟不对欧元区国家的财政政策进行一定的限制，一旦有的国家出于各种原因在财政预算上多增加赤字，就要多发国债来进行弥补。但这时各国政府手里已经没有了自己的货币，只能靠发行欧元债来弥补赤字，这样赤字规模的大小就会直接影响欧元区的市场利率。而欧元区的市场利率从理论上说只能由欧洲中央银行来干预，不能受欧元区国家财政政策的影响。为此，欧盟在 20 世纪 90 年代初通过的《欧洲经济和货币联盟条约》（又称《马斯特里赫特条约》，简称《马约》）中对加入欧元区的欧盟成员国规定了两大财政纪律：一是财政赤字不能超过当年 GDP 的 3%；二是政府债务余额占 GDP 的比率不能超过 60%。那么，为什么当时《马约》把赤字率定在了 3% 呢？这完全是欧盟两驾马车德国和法国相互妥协的结果。在欧盟国家中，德国的经济实力最强，当时赤字率在欧盟国家中也是比较低的，1994 年才 2.4%；相比之下，法国的赤字率就比较高，达到了 5.8%。当然比法国赤字率高的国家还有，例如希腊为 10%，意大利为 9.2%，芬兰为 6.4%，等等。由于德国的实力强，欧洲中央银行也设在了德国的法兰克福，所以在财政纪律问题上德国有很大的发言权，最后定在了 3%，别的国家要想加入欧元区就要大幅削减赤字。例如，希腊在启动加入欧元区的 1999 年赤字率削减到 4%，还达不到《马约》规定的标准，只能在 2000 年赤字率达标后才被允许加入欧元区。

但严格的财政纪律又捆住了各国财政政策的手脚。欧元区国家失去了货币政策，财政政策再受制于人，一旦面临经济波动如何进行宏观经济调控？考虑到这一点，《马约》和以后的《稳定和增长公约》又都在财政纪律问题上开了个口子，即规定欧元区国家在偶然性的特殊情况下可以不受 3% 赤字率的约束。什么是特殊情况？一是该国发生了不可控的事件，其对政府的财政状况产生了很大的影响；二是该国发生了严重的经济衰退，需要政府加大赤字规模以刺激经济增长。例如，2008 年爆发的国际金融危机，给欧盟国家的经济造成了很大的冲击。为了应对这种危机，法国在 2009 年将财政的赤字率提高到 7.2%，2017 年才降到了 3% 以内；爱尔兰 2009 年的赤字率甚至高达 13.8%；就连财政政策一向比较谨慎的德国，其 2009 年的赤字率也突破了 3%，为 3.2%，2010 年更上升到 4.4%。

由此可知，3% 的赤字率是当时欧盟启动欧元时一个因地制宜的产物。况且，欧元区国家在经济危机时都可以打破这个常规。

2020 年应对新冠肺炎疫情，我国财政一方面要投入巨大的资金防控疫情，例如购买医疗物资和设备，给医务人员发放补贴，承担患者的医疗费等；另一方面还要加大对重点行业和中小企业帮扶力度，特别是要支持住宿餐饮、文体娱乐、交通运输、旅游等受疫情影响严重的行业，要有针对性地出台减税降费措施。这些都需要财政"真金白银"地往外掏钱。然而，2012年营改增试点开始以后，我国的宏观税负一直呈下降趋势，一般预算收入占GDP的比重也从2012年的21.76%下降到2019年的19.21%。在财政减收增支的情况下，如果不放松对赤字率的限制，财政将很难应对2020年防控疫情的严峻局面。所以，我理解，为了贯彻执行"积极的财政政策要更加积极有为"的重要精神，财政可以考虑2020年将赤字率提高到3%以上。

当然，主张赤字率突破3%，并不意味着主张政府今后年年都这么搞。换句话说，财政在特殊情况下周期性赤字可以安排得大一些，但决不能搞成结构性赤字。所谓结构性赤字，就是在宏观经济总体平衡的状况下安排的财政赤字。结构性赤字并不是宏观调控所必需的，仅仅是政府急于求成、无限扩张的产物。今后，随着疫情的消失，社会经济恢复到正轨，赤字率还要尽量压缩。否则，未来政府的债务负担将会十分沉重。2019年，我国一般预算支出中利息支出的占比已经从2010年的2.05上升到3.5%；中央本级支出中利息支出的占比甚至高达14%。长期来看，需要约束债务的规模。但目前的债务规模还没有大到我们为了抗击疫情都不能将赤字率一次性抬高到3%以上的程度。

众人之事——疫情下的应急财政建设

吕冰洋

中国人民大学财政金融学院教授，财政系主任，中国人民大学国家发展战略研究院研究员。

　　财政作为政府配置资源的重要手段，势必要在新冠肺炎疫情对抗战中发挥重要作用，此时应急财政建设就显得非常重要。

一、重大灾情下政府与市场关系处理

　　重大灾情不期而至，往往出乎人们意料，各种日常资源配置方式刹那间被打乱，各类信息会迅速传播。这时政府一面要救灾，一面还要应对随救灾而发生的各种突发事件，往往是扶起东来西又倒，有措手不及之感，工作容易处于被动状态。此时政府要转变"全能式政府"观念，明确灾情是关系千家万户的事，是"众人之事"，要积极发动市场和社会力量参与救灾，不能是政府一家在挑担子，否则担子是挑不动也挑不好的。

公共经济学关于公共物品理论说明，只有带有非排他性和非竞争性两大特征的物品才是纯粹公共物品，也只有纯粹公共物品才完全需要政府提供。事实上，属于纯粹公共物品性质的物品非常少，国防可算一例。其他大量物品是介于纯粹公共物品和私人物品之间，属于混合物品，举凡教育、医疗、卫生等领域，均具有混合物品的性质。诺贝尔经济学奖得主布坎南和奥斯特罗姆对此进行了深入研究，认为对于混合物品而言，私人自我组织完全可以克服"搭便车"问题，提供好该类物品。疫情既具有很强的外部性，同时防控疫情过程中，各种类型的资源配置也具有排他性和竞争性，带有混合物品性质，因此要在防控疫情中开展广泛的政府与社会合作。

重大灾情中涉及大量公共资源的动用和配置，公共资源天然带有公共性，为大众所瞩目。在调动公共资源过程中，政府要做到"及时、透明、合作"：政策发布要及时，过程处理要透明，行动开展要合作。例如，在物资调配中，可以吸收像阿里巴巴、顺丰那样物流管理经验丰富的私人企业参与；在捐赠渠道的设置上，可以开通更多民间组织参与的渠道。这次疫情中，武汉红十字会一些举措饱受质疑，除了有管理上的漏洞外，还与它承担过多的职能有关。如果发动更多社会组织参与，质疑声自然会小些。或者说，由于参与灾情救治的组织较多，民众的监督面和质疑点自然会更加广泛，政府承担的压力自然会减轻。

二、疫情冲击下公共基础设施和公共物品供给

疫情冲击下，公共基础设施和公共物品会突然面临紧张局面，此时应通过补贴、公共资源重新配置方式，立刻改善供给问题。

第一，及时运用财政补贴政策增加供给。防控疫情物资大多由私人部门生产，一方面需要允许其盈利才能调动私人生产积极性；另一方面要控制价格避免社会恐慌。此时最好的财税政策是用财政补贴增加供给，例如宣布口罩价格不变以安人心，但政府会对厂商生产的每个口罩予以财政补贴，并承诺对过剩产能进行收储。其他可用的补贴政策非常多，如增加医护人员补贴、定向金融支持的财政贴息等，这样用一纸公文就可以调动各方积极性，从而在短期内增加供给。其他政策如税收减免等政策，都不如财政补贴政策来得直接。

第二，分步实施，迅速改变公共资源配置方式以增加供给。通过"小汤山""火神山"模式，固然可以通过新建公共设施来解决医疗资源不足问题，但在建设期内，大量患者得不到及时收治。实际上，公共物品供给不一定要通过新的公共生产来解决，在灾情爆发之时，往往是灾情处理最紧急时期，此时完全可以在建设新的公共基础设施的同时，临时征用其他公共甚至私人基础设施。其他措施如"一省包一个地

市"方式，都是很好的中国式经验，它可以迅速调动其他地区资源，实行对受灾地区对口支援。

上述措施关键在于及时，灾情如火情，灾情如战情，来不得犹豫和拖延。即使是救灾措施和物资未到位，也要及时宣布政策，让人们安下心来。除了疫情严重的中心地区外，其他地区也应未雨绸缪，早论证，早储备政策，以应对可能的突发供给不足问题。

三、疫情后经济恢复和发展的政策

这次可以说是举国之力应对疫情，对经济不可避免会产生严重冲击，大量企业面临市场不景气、资金流短缺的问题。要在应对疫情的同时，着手准备疫情后经济恢复和发展问题。

一是实事求是，及时调整各个政府发展目标。疫情发生刚好处于各地方政府完成地方人民代表大会之时，此时地方政府已公布政府工作报告和财政预算报告，受疫情冲击，各地面临着工作目标能否实现问题。此时应该降低计划的约束性，允许各地根据当地经济实际调整计划安排。

二是提高财政赤字率，发行特别国债用于灾后市场建设。在特别时期，可以突破财政赤字率3%限制，而按跨期预算平衡原则，实行"十四五"规划期内赤字控制。疫情冲击严重地区，经济很难避免下滑局面，此时可以考虑发行特别国债，重点支持疫情比较严重地区的防治。

三是税收政策要着重增加中小企业现金流。疫情打乱了市场节奏，大量企业的现金流出现短缺，面临停工停产问题，对小微企业的冲击尤甚于中大型企业。此时税收政策应在缓解企业现金流约束方面下功夫，例如，可以实行延期缴纳税款、加快相关财政专项资金拨付速度、实行增值税进项税及时退税政策。

四是储备基建项目，疫情过后迅速增加投资。对交通运输业、教育业、医疗业、处于扩张期的城市加大投资，以刺激需求、稳定就业、完善基础设施和提高中国经济潜在增长率。

五是社保政策兜底，避免失业冲击。受疫情影响，一些中小企业会面临市场萎缩、开工不足的问题，可考虑延缓缴纳社会保障基金、对保持就业的企业按照上年同期工资标准给予一定比例补助、放宽失业保险和医疗保险领取标准等手段，通过社会保障"兜底"，以应对可能出现的失业风险。

总之，财政之事即是众人之事，重大危机下的应急财政建设，更需要广泛调动一切力量参与。要通过制度建设，促使政府与市场、政府与社会形成良好合作和信任形式，减少不必要的防范或猜疑，同舟共济，把臂共行，渡过中华民族现代化征途中一道道难关。

简议防疫、复产的货币金融政策 ①

王国刚

中国社会科学院学部委员，中国人民大学财政金融学院一级教授，国务院政府特殊津贴专家。曾任中国社会科学院金融研究所所长，华夏证券副总裁。兼任国家社科基金规划评审组专家，中国开发性金融促进会副会长，中国市场学会副会长，中国外汇投资协会副会长，中国金融学会副秘书长兼常务理事等。主要研究领域：货币政策，金融运行和资本市场等。

2020年伊始，中国经济社会运行秩序突遭新冠肺炎的严重袭击。1月25日（农历正月初一），中共中央政治局常务委员会召开会议，就疫情防控进行了全面研究、部署和动员，提出疫情防控是各项工作的重中之重，"疫情就是命令，防控就是责任"，吹响了举全国之力、全面打赢疫情防控总体战阻

① 本文是国家自然科学基金应急管理项目（项目批准号：71850009)的研究成果。

击战的集结号。1月31日，中国人民银行等五部委紧急出台了《关于进一步强化金融支持防控新型冠状病毒感染肺炎疫情的通知》，提出了货币金融支持疫情防控的30条政策举措。一段时间来，这些货币金融政策进一步扩展并快速落地，成效正在逐步显现。如何深化对这些货币金融政策的认识，需要进一步探究。

一、非常时期货币金融政策的特点

此番疫情袭击正值春节假期的人口大流动期间，是2020年中国经济社会面临的最严重的危难，其影响面超过了2003年的非典。支持疫情防控的货币金融政策有着三个方面的特点：

第一，快速应变。防控疫情，时间就是生命。中共中央政治局常务委员会会议后仅6天，中国人民银行等五部委就出台了金融支持疫情防控30条政策，其速度之快是历史上罕见的（考虑到当时尚处于疫情蔓延期间，更是罕见）。30条政策涉及中国人民银行、财政部、银保监会、证监会和外管局五部委管辖的各方面内容，在如此短的时间内形成了这一套政策组合拳，不仅显示了五部委合作协调的内在机制之效能和协同防控疫情的合力，而且向国人宣示了中国金融在应对重大突发性应急事件上的能力。

按照往年惯例，春节之前是货币集中投放期，春节之后则是货币集中回笼期；面对1月份CPI增长率高达5.4%（已是2019年9月以后连续第5个月超过3%），通胀压力增大，似应实行适度收紧银根的举措。但为维护疫情防控时期的银行体系流动性合理充裕和货币市场平稳运行，中国人民银行不拘泥于以往的惯例操作取向，在春节假期后（2月3日）的两天内，通过逆回购操作以利率下调0.1%的价格投放了1.7万亿元的资金。同时，通过常备借贷便利（SLF）提供临时流动性支持，通过再贷款、再贴现、抵押补充贷款（PSL）等定向投放资金，有效保障了疫情防控和经济金融运行多方面所需的资金供给。1月份新增贷款3.34万亿元，创下历史新高；2月份（截至2月17日），已投放流动性达到3万多亿元。

第二，重点突出。货币金融涉及国民经济的方方面面，直接影响着千家万户、千厂百店的日常生活和经营运作。面对疫情的多方面冲击，金融组合拳也必然要从多角度展开对防控疫情的支持力度。从新增贷款看，对生产、运输和销售重要医用物资和重要生活物资的骨干企业实行名单制管理，通过专项再贷款机制向名单内企业提供3 000亿元低成本资金，贷款利率在一年期贷款市场报价利率（LPR）基础上再减100个基点（目前为3.15%），中央财政按企业实际获得的贷款数额进行利率贴息50%，确保企业实际融资成本降至1.6%以下。另外，金融机构主动加强了与相关医院、医疗科研单位和相关企业的服务对接，提供足额信贷资源，全力满足它们在卫生防疫、医药用品制造及采购、公共卫生基础设施建设、科研攻关、技术改造等方面的合理融资需求。从贷款存量看，金融机构积极调整区域融资政策、内部资金转移定价、差异化绩效考核办法等措施，对受疫情影响较大的批发零售、住宿餐饮、物流运输、文化旅游等行业和受疫情影响暂遇困难的企业（特别是小微企业），落实不盲目抽贷、断贷和压贷的政策，对受疫情影响严重的企业到期款项予以展期或续贷。从个人信贷看，对受新冠肺炎影响的人员、参加疫情防控的人员和受疫情影响暂时失去收入来源的人群，金融机构实施了适当倾斜的信贷政策，灵活调整住房按揭、信用卡等个人信贷还款安排。同时，金融机构加强了全国范围（特别是疫情严重地区）的线上服务，引导企业和居民通过互联网、手机 APP 等线上方式办理金融业务。在财政资金拨付方面，建立了财税库银协同工作机制，构建疫情防控拨款"绿色通道"，按照财政部门疫情防控资金拨付安排，及时展开资金拨付工作。

第三，维护市场稳定。疫情冲击给经济社会运行带来一系列突发性不确定因素，严重干扰了金融市场的正常秩序。金融市场对各类信息高度敏感，疫情冲击使得春节后的金融市场开市面临着严峻挑战。一些人担心，在疫情蔓延的条件下，2 月 3 日的开市将引致大跌的走势，不仅使得市场投资者面临投资损失，而且给经济社会再添负面压力，因此，呼吁延后开市。金融监管部门在权衡了各方面利弊和政策效应之后，依然于春节长假后如期开市。2 月 3 日的上证指数收于 2 746.61 点（下跌 229.92 点），跌幅达到 -7.72%，沪深两市 3 188 只股票跌停，两市成交金额 4 965.08 亿元（比上一个交易日减 36.73%）；但 2 月 4 日之后，沪深股市连续多日收于阳线，并突破了 2 900 点关口；2 月 19 日，沪深两市成交量达到 10 388.15 亿元，再次突破了万亿元大关，由此，股市已企稳。从债市看，为了支持实体经济发展和打赢防控疫情战役，经国务院批准并向全国人大备案，2月初，财政部提前向35个省、自治区、直辖市和计划单列市下达了2020年地方政府专项债券新增额度12 900亿元。到2月中旬，这些债券的大部分或已发售或已落实发售预案。另外，为了支持防控疫情，防疫债应运而生。2月4日，第一只低利率防疫债（武汉车都四水共治项目管理有限公司绿色项目收益公司债券）获深交所无异议函。到2月14日，防疫债发行规模已突破569亿元。到2月19日，证券公司发行的各项债券达到63只，金额达1 322亿元。从汇市看，疫情突然爆发，引致海外对中国经济社会发展的担忧，由此，冲击了人民币汇市。中国外汇管理部门通过建立外汇"绿色通道"，便捷外汇入账和结汇，切实提高外汇及跨境人民币业务办理效率等举措，保障了与防控疫情相关的用汇需求和外汇流动；同时，密切关注人民币汇市的价格波动，积极采取措施，抑制汇价异常变化，2月14日人民币兑美元的中间价为6.984 3：1，与1月2日的6.961 4：1相差无几，维护了人民币汇率的基本稳定。

党的十九届四中全会《关于坚持和完善中国特色社会主义制度 推进国家治理体系和治理能力现代化若干重大问题的决定》强调：要"建设现代中央银行制度，完善基础货币投放机制，健全基准利率和市场化利率体系"；要"健全具有高度适应性、竞争力、普惠性的现代金融体系，有效防范化解金融风险"。在疫情突袭背景下，货币金融组合政策的快速出台和全面实施，既反映了现代金融体系的适应性明显增强，有着应对突发性事件、解决灾难性问题的适应性，也反映了这一金融体系的普惠性程度明显提高，防范化解金融风险的机制正趋于成熟。

二、金融支持疫情防控政策的内在机理

针对疫情突发所出台的货币金融政策，是非常时期选择的非常举措，带有明显的"非常态"色彩。实际上，全面打赢防控疫情阻击战，对中国金融体系是一场大考，在此过程中货币金融政策贯彻着三个重要的经济金融机理：

第一，金融体系的内部效率与外部条件的统一。马克思主义哲学认为，世间任何事物的存在，既有着内部的根据也有着外部的条件。对金融体系而言，经济社会生活秩序的状况是各类金融机构展开经营运作的基本外部条件。在经济社会生活秩序稳定时，金融机构经营运作和金融体系运行是无须额外付费的，维护经济社会运行秩序的成本主要由财政支付。但在疫情爆发的非常时期，经济社会运行秩序受到严重冲击。仅靠各级财政，不仅受制于财力限制，无力创造增量资金，而且受金融机制缺乏的限制，难以涉及金融服务的各个方面。一旦疫情扩散面加大，防控疫情时间延长，金融体系和金融机构也必然遭受严重损失，即"皮之不存，毛将焉附"。防控疫情的货币金融政策中虽然包含了降低信贷门槛、延长信贷期限、实行低利率等内容，但它们有利于支持实体企业（尤其是重要医用产品生产、运输和销售的企业）的经营运作，提高了阻击疫情的总体能力和防控疫情的效率。从这个角度看，为了打赢疫情防控阻击战，金融机构固然付出

了一些代价，但为疫后的正常经营运作争取到了宝贵的时间，得失权衡一目了然。

值得注意的是，任何经济规律的存在和发挥作用都是有条件的。在条件非常的场合，运用非常举措促使条件回归正常，这本来就是经济规律的内在要求。从这个意义上说，防控疫情的货币金融政策旨在加快恢复经济社会运行秩序，为后期的金融体系运行创造正常条件，它本就属于尊重金融规律和金融机制的范畴。

第二，金融体系的短期效益与长期效应的统一。在经济金融活动中，时间是一个重要变量，效率通常按照时间长短计算，与此对应，资金、价格、成本、收益和竞争力等也通常依时间计量，因此，争取时间就是争取效率。此外，还有一个业务规模、市场规模、服务面、营业网络等数量范畴。对任何一家金融机构而言，效率不仅与时间相关，也与规模相连。疫情爆发以后，为了防控疫情蔓延，各地均采取了以人员居家隔离为主的举措，直接影响到众多实体企业、政府部门、金融机构和其他机构的正常运作，也必然严重冲击金融服务的各类规模。疫情每延长一天，金融、经济和社会的直接损失和间接损失就增加一天，且与前期相比，后期损失有着倍加的概率。在这种背景下，出台支持疫情防控的货币金融政策，在短期内可能使得金融机构的经营运作成本有所提高、效益有所减少、不良贷款数额有所增加，但从长期看，这些损失是能够得到有效补偿的。由此来看，防控疫情的货币金融政策是有利于金融机构长期效应的。

第三，总体利益与局部利益的统一。在经济社会框架中，金融与农业、工业等一样，同属于经济的一部分；经济与文化、教育、政治等均属于社会范畴。习近平总书记强调，要打赢防控疫情的总体战阻击战。总体战又称"全面战"，涉及经济社会的各个方面。要打赢防疫总体战，就必须有大局观，一切从大局出发、以大局为重，由此，金融体系就必须服从全国经济社会整个大局。在这场战"疫"中，金融机构的本位利益必须让位全局利益、服从大局利益。从这一角度看，为了维护经济社会的运行规律发挥正常作用，金融体系做出某些暂时的牺牲是必要的。在这种特殊条件下，为了维护公共利益和落实以人民利益为最高标准，金融体系付出某些代价，很难用金融运行规律、市场机制等予以直接裁量。

2017年10月，党的十九大提出，中国经济发展进入新时代。"稳中求进"既是工作主基调，是治国理政的重要原则，也是做好经济工作的方法论。在当前特定条件下，尽快稳住经济社会生活秩序，坚决打赢疫情防控阻击战是各项工作的重中之重，与此相比，金融体系、金融机构的某些利益减弱或付出不必过于看重。

三、复工复产的货币金融政策重心

2020年是全面建成小康社会、完成"十三五规划"、实现第一个"百年"目标和实现三年攻坚战目标的收官之年，在中国经济社会发展历史上有着节点性重要意义。2月12日，中共中央政治局常务委员会进一步分析了防控疫情形势，强调要加强疫情防控工作，坚决打赢疫情防控的人民战争、总体战、阻击战，同时，要有序推动各类企业复工复产，保持经济平稳运行和社会和谐稳定，努力实现党中央确定的各项目标任务。

随着防控疫情各项措施的见效，疫情突袭效应逐渐减弱，复工复产成为一项刻不容缓的紧迫工作。尤其是考虑到，一些实体企业（尤其是小微企业）仅有 1～3 个月的原料库存、1～2 个月的流动资金，一些家庭（特别是农民工）仅有 1～3 个月的生活费存量，在各地方大多实行在家隔离措施的条件下，人工流和物流受到严重限制，如果再不抓紧时间复工复产，全国物流、资金流和人工流的不畅，不仅将引致市场供不应求缺口急速扩大，而且将引致就业率降低、务工人员收入减少，并由此引致一系列其他经济社会问题，严重影响上述目标的实现。由此，政策取向的重心从全力打赢疫情防控阻击战转向防疫、复工两手抓，两手都要硬。

在防疫、复工两手抓的过程中，货币金融政策要继续强化 30 条的全面落实，同时，应当重视七个方面的政策措施：

第一，实行适度宽松且精准滴灌的货币政策。不论是防疫所需的各类医用物资生产还是复工中各类企业的采购都需要有足够的资金支持，由此，保证流动性供给是保障经济社会生活恢复和步入正常秩序过程中不缺血的关键之举。就此而言，可选择的措施包括：再次降准，定向降准，适度降息，加大公开市场业务的力度，加大 SLF，MLF，PSL 和 TMLF 等的灵活操作力度。同时，进一步做好货币政策与财政政策的协调配合，既有效保障防控疫情的资金需求，又有效保障各类企业复工复产、重大项目建设的资金需求。

第二，完善快速便捷的审贷机制。实体企业复工复产所需资金主要由银行贷款等提供，为了支持实体经济部门复工复产尽快到位，保障经济运行中的各类物资供给，商业银行等金融机构应增大对实体企业信贷支持力度，其中包括：简化审贷手续，加大绿色审贷通道的内容和宽度，建立特事特办、急事急办、重事重办机制；适度降低贷款门槛、降低贷款利率、延长贷款期限，支持复工企业渡过难关；为复工企业量身定制金融服务方案，在地方政府的支持下设立专项融资资金，强化对重点、关键、救急等类型的企业支持；充分运用金融科技机制，增加网上、手机等载体的业务内容，提高线上业务能力；完善风险内控机制，增提坏账准备，保障商业银行等金融机构的资产质量不降低。

第三，加快债券市场发展。在积极支持地方政府专项债券发行的同时，积极支持复工企业的公司债券（尤其是"防疫债"）的发行，扩展发行规模，增加发行品种，延长债券期限，降低发债成本，简化发债程序，同时，放开对实体企业和城乡居民购买公司债券的限制，拓宽公司债券的认购对象，增加购债资金的来源。

第四，盘活企业定期存款。定期存款是在存期内不可动用的资金。2019 年底，非金融企业定期存款余额高达 352 860.82 亿元，占非金融企业存款余额的 59.26%。盘活这笔存款，对解决复工企业的流动性紧张状况至关重要。盘活的路径主要包括：放松对复工企业（尤其是大型企业和主干企业）的贷款限制，使它们能够在产业关联基础上向上下游企业放款，增强产业链的合作协同；准许实体企业购买公司债券，增大购债资金来源；准许复工企业根据经营运作需要，提前支取定期存款。

第五，加快落实股票发行注册制。一方面，支持与防控疫情相关的医用设备、用品和药品等研制、生产相关的公司发股上市，增强疫情防控的物资供给，提高公共卫生保健能力；另一方面，支持在复工复产中具有重要影响力的公司和在产业关联机制发挥主干效能的公司发股上市，增强它们带动或支持其他企业经营运作正常化的能力。具体举措包括：简化注册制流程，缩短公司发股上市的注册耗时；适度降低门槛，放宽准入条件，放松再融资条件；强化信息披露，增强市场监督；落实退市机制，提高股市运行质量。

第六，推进保险创新。疫情防控和复工复产给保险业发展提出了一系列新的挑战和新的机遇。贯彻中央精神，总结成功实践，借鉴海外经验，可以推出一系列创新型保险产品和保险机制，丰富和拓展大灾保险、大病保险和财产保险的品种，拓展保险在灾害救助和社会管理等方面的功能。

第七，转换金融监管理念。疫情防控和复工复产中的金融活动有着许多特殊性，客观上要求金融监管转变理念和方式，以稳定经济社会大局和维护经济发展为指向，运用"监管沙盒"机制，为支持疫情防控和复工复产相关的金融活动提供一个安全空间。具体措施包括：适度提高金融监管的宽容度，为特殊环境下的金融运作和金融创新提供一个相对宽松的外部条件；加快落实行为监管，弱化机构监管为主，实现金融监管对金融活动的全覆盖；强化信息机制，健全金融数据统计和分析，把握金融运行的趋势和适时动态；实行风险分类，将金融机构的操作风险交由金融机构自己承担，推进金融机构风险内控机制的完善；坚决打击各种违法违规的金融活动，避免给浑水摸鱼者可乘之机。

新冠肺炎疫情下的货币政策定位

陈彦斌

中国人民大学国家经济学教材建设重点研究基地执行主任，经济学院教授。担任《经济研究》《中国工业经济》等权威期刊编委，《光明日报（理论版）》专栏作家，中宣部"马工程"首席专家，甘肃省政府决策咨询顾问。长期研究宏观经济学。

虽然新冠肺炎疫情只会给中国经济带来短期冲击，不会改变中国经济稳中向好、长期向好的基本趋势，但是疫情所引发的经济运行风险不容忽视，主要包括加大就业压力、导致结构性通胀压力进一步显现、加大房地产市场的不确定性等。在应对疫情过程中，货币政策不应掣肘于结构性通胀压力，而应该以应对当前经济下行压力为主要目标，而且需要尽快疏通货币政策向实体经济传导的渠道，提高货币政策调控效率。

一、疫情叠加经济下行压力是当前主要矛盾，需要加大货币政策力度进行逆周期调节，采用产业补贴等措施应对食品涨价问题

2020 年 1 月份和 2 月份的 CPI 同比涨幅分别为 5.4% 和 5.2%，连续 5 个月位于 3% 的目标值以上，也触及了 2012 年以来的最高水平。CPI 涨幅出现了不断扩大的态势，反映出当前存在一定的通胀压力。但实际上，本轮 CPI 的上涨主要是受猪肉价格上涨叠加肺炎疫情的影响，与经济基本面不存在较大关联。从剔除食品和能源价格的核心 CPI 涨幅来看，2020 年 1 月份和 2 月份核心 CPI 涨幅仅为 1.5% 和 1%，连续 17 个月位于 2% 以下的较低水平。整体 CPI 与核心 CPI 走势出现了较为显著的分化趋势，对货币政策的制定造成了一定的困扰。

理论上看，货币政策的制定应着眼于核心 CPI 而非整体 CPI。这主要是因为，包含食品和能源价格的 CPI 容易出现预期之外的大幅波动，不仅容易扰乱公众的通胀预期，也容易对货币政策空间形成制约。从国际经验看，美国和日本等发达经济体在实际操作中均采用了盯住核心 CPI 的货币政策。

因此，虽然整体 CPI 已经连续 5 个月超过 3% 的目标值，但这主要是食品价格出现了预期之外的大幅波动所致，剔除食品和能源价格的核心 CPI 始终位于 2% 以下的较低水平。有鉴于此，在当前我国经济下行压力加大的情况下，稳健的货币政策不应掣肘于整体 CPI 的上涨，而应坚持稳定经济发展的最终目标，积极应对当前经济下行压力。受此次疫情的影响，餐饮、旅游等行业受到的冲击较大。作为逆周期调节

工具的货币政策更应灵活适度，给予中小微企业更多的支持和帮助。

当然，我国猪肉价格大幅攀升所引起的 CPI 涨幅扩大问题不容忽视。2019 年中国居民的恩格尔系数是 28.2%，农村居民的更是高达 30.0%。相比之下，美国和日本居民的恩格尔系数分别仅为 8.1% 和 18.2%。由此可见，食品消费支出在我国居民总体消费中的占比依然较高。近些年我国居民收入差距维持在较高水平，而且出现了中等收入人群的收入增速相对下滑的新现象。猪肉价格上涨会带动食品价格整体上涨，会在一定程度上增加中低收入人群的生活负担，因此需要宏观政策积极应对。有效解决猪肉价格上涨的问题不能仅依靠总量调节的货币政策，还需要财政补贴政策等其他针对性较强的经济政策的协调配合，形成合力共同实现价格稳定的目标。

二、大力提高货币政策传导效率，更有效地支持实体经济发展，防止资金空转

事实上，面对本次疫情，货币政策反应及时主动，通过公开市场操作、再贷款等多种手段释放了较为充裕的流动性，并通过政策利率积极引导市场利率下行。但是，也应看到，目前货币政策效果更多体现在股市的快速上涨之上，资金"脱实向虚"与在金融市场"空转"的问题再度显现。如果不能及时解决这一问题，尽快疏通货币政策向实体经济传导的渠道，那么货币政策不仅难以起到稳增长、稳就业等作用，而且还会加剧金融市场的泡沫化风险。一旦泡沫破裂，将会对实体经济造成二次打击。有鉴于此，应该尽快疏通货币政策向实体经济传导的渠道，提高货币政策调控效率，是当前亟待解决的关键问题。更为重要的是，除了本次疫情导致的短期经济下行压力之外，中国经济还叠加了人口老龄化等长期性因素与结构性因素引发的中长期下行压力。在如此复杂的局势下，更需要提高货币政策调控效率。

事实上，中国货币政策传导不畅是一直存在的老问题，其根源在于经济与金融体制上的扭曲。一方面，实体经济中存在一些预算软约束部门，对信贷资金存在大量需求，挤占了其他部门的信贷资源。另一方面，在利率仍存在一定管制的背景下，商业银行可以获得稳定的净息差，因而不愿过多承担风险，也更有意愿将信贷资源投放给这些预算软约束部门。近年来，受经济增速下滑与企业债务违约风险加大等因素影响，商业银行对实体经济的信贷投放意愿进一步减弱，这导致货币政策传导不畅问题更加凸显，民营企业尤其是中小企业的融资难、融资贵问题加剧。

因此，在疫情背景下要提高货币政策调控效率，需要标本兼治，将短期举措和长期政策有机结合。具体而言，主要应做到以下几点：

一是加强货币政策、宏观审慎政策与微观金融监管三者的协调配合，降低资金"脱实向虚"的倾向，并发挥宏观审慎评估体系的结构引导作用，推动资金更好地流入实体经济，提升货币政策效果。

二是可以适度通过结构性货币政策，引导金融机构加大对特定区域、特定行业（"三农"等领域）、特定群体（主要是小微企业）的扶持。但是，货币政策本质上是总量型政策，过度用于"调结构"将会导致货币政策传导机制产生扭曲，降低调控效率。因此，结构性货币政策只能作为特殊时期的权宜之计，不能长期化、常态化使用。

三是要加强货币政策的预期管理与前瞻性指引作用，给予公众信心和稳定的预期，从而有助于促进经济增长动力的稳健恢复。

四是积极推进供给侧结构性改革以破除经济与金融体制上的扭曲，并加快利率市场化的改革步伐，这是疏通货币政策传导渠道与提高货币政策调控效率的根本之道。

完善消费政策促进消费
回补和潜能释放

胡　敏　　中央党校（国家行政学院）习近平新
时代中国特色社会主义思想研究中心研究
员，中央党校报刊社副社长。中国矿业大
学文法学院兼职教授，南京审计大学客座教
授。入选 2019 年度中宣部文化名家和"四
个一批"人才。主要研究领域：宏观经济政
策，产业经济，政府改革，文化管理等。

　　新冠肺炎疫情从年初爆发以来对我国经济已造成不可避
免的严重影响。疫情冲击下，多数经济活动接近半停摆状态，
消费领域受到重创，餐饮、零售、旅游休闲、电影、交通客
运等行业损失严重。像春节档票房收入损失近 100%、入境港
澳旅客下滑超 8 成、近 8 成调研餐饮企业损失超 100%、交通
客运量下滑在 50% 以上。综合各方面保守估算，第一季度疫
情对消费的总影响在 1.38 万亿～ 1.8 万亿元。如果把消费需
求折换成经济增长，第一季度消费肯定是负增长，对第一季
度 GDP 会连带 3 ～ 4 个百分点的下跌影响。

按照 2019 年末召开的中央经济工作会议部署，2020 年要实现全面建成小康社会目标和"十三五"规划顺利收官，坚决打赢脱贫攻坚战，经济增长至少应在 5.7% 左右。根据年初对 2020 年国内外经济走势的研判，国内经济下行压力继续加大，疫情的发生对 2020 年国内经济更是"雪上加霜"。仅从消费领域看，2019 年第一季度我国经济增长为 6.4%，也是全年四个季度最高值，全年经济增长为 6.1%。因为春节假期因素，消费增长一般也处于全年高位。2019 年第一季度社会消费品零售总额为 9.78 万亿元，同比名义增长 8.3%，全年社会消费品零售总额首次突破 40 万亿元大关，达到 41.1 万亿元，同比名义增长 8.0%。消费对经济增长的贡献率超过 60%，连续 6 年保持经济增长第一拉动力。这说明消费作为驱动我国经济增长的"三驾马车"之一，在当前抵御经济下行压力加大、促进经济转型升级尤为重要。受疫情影响，按照 2020 年第一季度经济增长 3% 测算，后三个季度经济增长平均需要达到 6.6%，实现这一任务已是相当艰难。但从另一个角度看，当前和今后一个时期出台更有力度、更加全面的消费刺激政策，努力将经济运行尽快拉回正常轨道，十分关键。

2020 年 3 月 4 日中央政治局常务委员会会议全面分析当前形势，认为经过全国上下艰苦努力，我们已初步呈现疫情防控形势持续向好、生产生活秩序加快恢复的态势，就此明确提出：当前要把复工复产与扩大内需结合起来，把被抑制、被冻结的消费释放出来，把在疫情防控中催生的新型消费、升级消费培育壮大起来，使实物消费和服务消费得到回补。而从更长一个时期，必须变压力为动力、善于化危为机，有序恢复生产生活秩序，强化"六稳"举措，加大政策调节力度，把我国发展的巨大潜力和强大动能充分释放出来，努力实现今年经济社会发展目标任务。笔者认为，当前和下一步消费政策实施要按照两个层面设计和考量。

一、即期消费政策要着力于回补消费需求

从目前疫情发展形势看，国内疫情已得到控制，但国际疫情蔓延势头还在加剧，并有可能从疫情危机向经济危机转化，坚决守住国境大门严防外部输入是第一要务。而受外部影响，至少 2020 年上半年我国进出口形势不容乐观，因此要稳住国内经济基本盘，就必须稳住国内有效需求，一方面要促进除疫情重点地区外的其他地区加快一批重大项目、重大工程复工复产和开工建设；另一方面要实施刺激性消费政策，努力回补第一季度的消费缺口。

一是继续落实落细即期财政金融政策，用好用足减税降费、社保费率减免、贷款展期、财政贴息等综合手段，在促进制造业全面复工复产的同时，对零售、餐饮、流通、交通运输等中小商业企业实施有序开业，鼓励开展非接触式销售，采用整卖零点方式扩大营销，尽快回补一部分消费需求。

二是进一步从政策上支持疫情时期异军突起的线上教育、娱乐、医疗、办公等数字经济新业态新行业，要有力引导社区、乡镇、街道和居民楼宇住所周边的门店式商业企业开展

网上订单式、集群化营销促销，将城镇居民消费需求融合到城乡社区数字化消费网格化管理中，积极探索网络式消费服务。

三是积极稳定汽车等传统大宗消费，鼓励汽车限购地区适当增加汽车号牌配额，适当放宽或取消限购，带动汽车及相关产品消费，释放限购城市积压需求。其中，进一步优化便捷措施和优惠政策，鼓励老旧汽车报废更新，鼓励新能源汽车消费，针对特定人群（医疗防疫相关等）进行更大力度的家用车消费补贴。

四是在保持"房住不炒"政策前提下，在一二线城市适当降低购房首付比例，鼓励有真实需求的居民特别是新入户大学生进入二手房交易市场，进一步扩大廉租房在城市房屋中的比例；在三四五线城市进一步消除户籍门槛，鼓励农村人口进入城镇居住。

五是对低收入人口或临时性失业人口进行适当的消费补贴，比如发放一定数额、满足生活必需的衣食住行的定向消费券，类似于粮票，但必须有一定使用用途和使用期限，不能溢价交易，所用资金先是财政支出，未来用消费型债券或消费贷形式后期分担。

二、中长期消费政策要着眼于充分释放消费潜能

2013 年以来，党中央已作出明确判断，我国经济已进入新常态。其中，在消费需求领域，模仿型排浪式消费阶段基本结束，个性化、多样化消费渐成主流。从 2018 年底中央经

济工作会议强调"促进形成强大的国内市场"，2019年中央政治局会议提出"多用改革办法扩大消费"，在中美贸易摩擦背景下，消费在整个经济中的地位将进一步提升。2020年是"十三五"规划收官和"十四五"谋篇布局之年，消费将成为我国经济实现高质量发展的主要动力源。这次疫情爆发，也将进一步促进我国发展型消费、服务型消费成为今后消费政策的着力点。

2018年10月国务院办公厅印发《完善促进消费体制机制实施方案（2018—2020年）》，按照高质量发展的要求，顺应居民消费提质转型升级新趋势，聚焦引导形成合理消费预期、切实增强消费对经济发展的基础性作用这一目标任务，强调要依靠改革创新破除制约居民消费最直接、最突出、最迫切的体制机制障碍，积极培育重点消费领域细分市场，全面营造良好消费环境，进一步激发居民消费潜力。2019年，针对受国内外多重因素叠加影响，当前流通消费领域仍面临一些瓶颈和短板，商品和生活服务有效供给不足，消费环境须进一步优化，城乡消费潜力尚须挖掘的客观现实，为推动消费创新发展，优化消费环境，促进商业繁荣，激发国内消费潜力，国务院办公厅又印发了《关于加快发展流通促进商业消费的意见》，这对稳定消费预期、提振消费信心具有重要导向作用。在疫情过后，一系列积极消费政策还需要进一步落实、细化和加强。

一是要进一步培育扩大新消费热点。这次疫情可以看出，一批新兴消费潜力加快释放，要以此为契机，积极丰富5G技术应用场景，带动 5G 手机等终端消费，推动增加电子商务、电子政务、网络教育、网络娱乐等方面消费。还要更好地满足居民健康生活消费需求，进一步培养居民健康生活习惯，引导企业加大对相关产品和服务供给，扩大绿色食品、药品、卫生用品、健身器材的生产和销售。消费热点一旦形成，具有强大的示范效应，从而极大地促进即期消费。

二是要进一步放宽服务消费领域市场准入。进一步实施促进乡村旅游提质升级的政策措施，扩大文化创意产品开发试点范围，合理放宽社会办医疗机构配置大型医用设备规划预留空间，取消养老机构设立许可，开展家政服务标准化试点示范建设，举办高水平中外合作办学机构和项目等政策措施。

三是要完善促进实物消费结构升级的政策体系。主要包括大力发展住房租赁市场，发展壮大绿色消费，促进智能汽车创新发展，加快推进 5G 技术商用等政策措施。

四是要健全完善消费领域信用体系。主要包括完善消费领域信用信息共享共用机制，在部分地区试点建立失信企业惩罚性赔偿制度，完善食品、药品等重要消费品召回制度等政策措施。

五是要优化促进居民消费的配套保障。主要包括制定出台新个人所得税法相关配套制度和措施，积极开展个人税收递延型商业养老保险试点工作，加快消费信贷管理模式和产品创新，深化收入分配制度改革等政策措施。

当然，消费政策看起来在消费端，其实质在供给端。在我国消费结构转型升级的今天，"供给创造需求"更有现实意义。此次疫情不仅揭示出我们在消费产品、消费服务上还有不少短板，在城市治理、公共品供给方面也有许多缺失，弥补这些短板就会创造出更大的需求、释放出巨大的消费潜能。

深化财政支出制度改革 建立与高质量发展阶段相适应的消费性财政体制

吴金明

中南大学商学院教授，湖南省政协常委，湖南省政协经济科技委员会主任，九三学社中央委员、九三学社湖南省委副主委。主要研究领域：产业组织理论与政策，区域经济理论与政策，企业战略管理。

不管怎么去分析，新冠肺炎疫情这只"黑天鹅"的确给我国经济发展带来了巨大的负面影响：国内消费大幅降低，国际需求明显受阻，制造业、房地产、基建投资基本停滞，餐饮、旅游、电影、教育培训等行业几乎停顿，民营小微企业、弹性薪酬制员工、农民工等遭受重创。一改我国经济长期"开门红"的惯例，2020 年出现了少有的"废头废脸"情形。当然，在以习近平同志为核心的党中央的坚强领导下，举国上下，抗击疫情，成效显著，目前疫情得控，我国多数省区已进入后疫情时代。除湖北省外，全国正转入一手抓疫情防控、一手抓复工复产的"两手抓""两手都硬"的新阶段。为尽快恢复国民经济运行秩序，尽快使社会生活走上正轨，我建议：抢抓机遇，深化财政支出制度改革，建立与高质量发展阶段相适应的消费性财政体制。具体理由如下：

一是适应我国进入新发展阶段的需要。目前，我国私人物品领域供过于求，出现了产能和结构性"双过剩"；而公共物品领域则供不应求，特别是高质量的教育、医疗、养老等民生物品严重不足。"一座难求""一床难求""一药难求"成为常态。

二是深化我国供给侧结构性改革的必然要求。2019 年我国减税降费的规模达到万亿级规模，2020 年还要进一步加力，财政收入必然会减少，而处于脱贫攻坚和全面建成小康社会的决战决胜年，财政支出又不得不增加。因此，破解减收增支的矛盾，可考虑将实施多年的减税降费政策上升到消费性财政体制的高度一次性破解。因为消费性财政要减少收入范围和规模，也相应减少了经济建设方面的投资，除了涉及国家核心利益的国家大科学装置和保密性重大工程项目外，其他经济建设投资完全可以交由市场。这样，随着消费性财政体制的定型，减税降费就变成一种长效机制，不仅有利于降低交易成本，也可集中精力和财力改善民生，建立健全国家应急体系和治理体系等，真正实现"让市场在资源配置中发挥决定性影响和更好地发挥政府作用"的改革目标。

三是建立与高质量发展阶段相适应的财政体制。基于马克思的劳动价值论，我国几十年来的经济高速增长是基于物化劳动消耗与价值转移或"抛物线"轨迹的"硬价值"主导的增长，具有高资源消耗、高环境污染、高负债拉动和高速度增长的"四高"特征；而高质量发展则主要是基于活劳动消耗与创造的指数增长和螺旋式上升的"软价值"主导的发展，具有文化、健康、智慧"新三需"拉动，人力资本、科学技术、大数据"新三要素"驱动和新理念、新动力、新动能"三新"引领的发展特征。与这些特征要求相适应，财政体制需要深化改革突破。经济高速增长阶段的财政体制是典型的生产性财政体制，建设性财政特征突出，资本性支出占比较高，1998—2018 年的 20 年间我国这一比例在 15%～20% 之间，如果加上央企和省属国企的相关支出，则为 30% 以上，达到赞比亚、印度尼西亚等国的水平，亦即全球最高水平[①]；高质量发展阶段则适合于建立消费性财政，亦即将财政支出的重点转向民生性财政，大幅提升经常性支出比重，按照国际惯例，应达到 85% 以上。从湖南省的情况看，2010 年以来湖南省级财政支出用于民生支出的比重年均都在 71% 左右，全国各省情况虽然大致如此，但从趋势性看，地方财政用于民生支出的比重在不断增长、持续上升，都有转入消费性财政体制的可能。

---

① 资本性支出项目有：（1）固定资本资产购买；（2）存货购买；（3）土地和无形资产购买；（4）资本转让。资本性支出在 5% 以下的国家有美国、瑞典、比利时、意大利、澳大利亚、南非、巴西、俄罗斯；5%～10% 的有西班牙、土耳其、英国、德国；10%～15% 的有印度、加纳、巴基斯坦；15%～20% 的有中国、韩国、马来西亚、埃及、菲律宾、智利、肯尼亚；20%～30% 的有泰国、新加坡；30%～35% 的有赞比亚；35%～45% 的有印度尼西亚。

四是完善国家治理体系和健全国家应急管理体系的需要。《关于加强党的领导、为打赢疫情防控阻击战提供坚强政治保证的通知》和 2020 年 2 月 14 日习近平总书记的重要讲话精神都表明，完善国家治理体系、提高治理能力关系到党和国家及人民的命运，是当前和今后需要长期加强的紧迫任务；确保人民群众生命安全和身体健康，是我们党治国理政的一项重大任务。既要立足当前，科学精准打赢疫情防控阻击战，更要放眼长远，总结经验、吸取教训，针对这次疫情暴露出来的短板和不足，抓紧补短板、堵漏洞、强弱项，该坚持的坚持，该完善的完善，该建立的建立，该落实的落实。完善重大疫情防控体制机制，健全国家公共卫生应急管理体系。显然，无论是完善国家治理体系，还是健全国家应急管理体系，都应该置于建立消费性财政体制的大前提下来推进。

基于上述四大理由，提出四条建议：

其一，中央政府和直辖市政府应建立消费性财政体制。

其二，在 2020—2035 年，省级政府和民族区域自治区政府可选择性实施，即沿海发达区域的省级政府可以建立消费性财政，而中西部地区的地方政府（含省或自治区、省辖市、县）和省级自治区政府则可自由选择采用哪种财政体制；2036 年以后，所有省级行政区都建立消费性财政体制。

其三，政府除了承担国家和地方重大保密性设施和工程建设与投资外，其他基础设施投资建设和重大工程项目投资可委托大中型国企或混合所有制企业承担。

其四，基于消费性财政体制，调整税种、税率和计征依据，调整中央和地方的税种划分及其收入分成比例，分阶段、分类型推进我国财政体制改革。按照"宏观政策要稳""微观政策要活""社会政策要托底"的基本要求，推动具体政策的出台与落地。

新冠肺炎疫情冲击下的
中国服务业发展对策

程大中

复旦大学世界经济系教授、博士生导师、副主任，复旦大学世界经济研究所兼职研究员。国家发改委第二届服务业专家咨询委员会委员，中国投入产出学会理事，中国世界经济学会常务理事。研究领域：国际经济学，服务经济。

　　此次新冠肺炎疫情对中国服务业的负面影响是非常大的。这不仅是由于疫情本身的严重性与破坏性，而且在很大程度上归因于服务业的特殊性与重要性。众所周知，服务业已成为现代国民经济中的主导产业。目前，美国等发达经济体的服务业增加值占 GDP 的比重均超过 70%；中国的服务业比重相对较低，但也超过 50%。服务业涉及的行业和部门种类繁多，覆盖国民经济的各个角落，金融、物流、医疗、电信、旅游、餐饮、文化娱乐、广播电影电视、新闻、出版、教育、网络服务、专业服务等都属于服务业，它们要么是作为中间投入面向企业的生产性服务，要么是作为最终产品面向家庭和个人的消费性服务。服务业是国民经济的"黏合剂"，是便于一切经济交易的产业。农业、制造业和采掘业是经济发展的"砖块"，而服务业则是把它们黏合起来的"灰泥"。离开了服务业，或服务业发展受阻，其他行业如农业、制造业，乃至整个国民经济和社会都将受到拖累。因此，拥有发达的、富有韧性的服务业是经济现代化的一个重要标志。

不管是何种服务行业，其生产的产品即服务产品一般都是无形的、难以贮存的，（跨地区）可贸易性较低；服务的生产和消费通常是同时发生的，即需要服务提供者与消费者直接接触。这些特点直接决定了服务业最容易受到像新冠肺炎这样的传染病等公共卫生事件的负面冲击。疾病在人与人之间的传播速度越快、传播范围越广，则服务业受到的负面冲击就越大。比如，这会导致海陆空交通运输和物流受阻甚至中断，旅游业、餐饮业等消费性服务业凋亡。与此同时，患病人数的增加会导致对医疗服务资源需求的暴增，最终可能造成医疗服务资源的枯竭，引发人道主义灾难和整个社会的动荡。这是因为医疗服务不可能像物质产品那样贮存起来、以防不测，所以无法满足骤然增加的需求。

鉴于中国目前服务业本身的发展状况，以及此次疫情爆发以来出现的问题，我们更应该从战略的角度做好规划和预案，不仅要注意紧急情况下的服务业发展，更应该未雨绸缪，注重常态情况下的服务业高质量发展。为此，我们提出以下两个方面的政策建议。

一、技术层面的建议

在服务业中，有很多行业是依托电子信息等现代技术和（或）现代经营方式和组织形式而发展起来的。这既包括新近出现、原来没有的服务行业，即所谓的"新兴"服务行业，比如以互联网为基础的网络服务、移动通信服务、信息服务、现代物流、跨境电商等，也包括被赋予较多现代品质如引入新技术和新投入、采用新管理和新形式、产生新效果、发挥新作用的服务行业，如电信服务、网上金融服务、中介服务、网上医疗服务、网上教育服务等。

这就表明，现代科技的发展极大地改造了传统服务行业，使得服务业的生产和消费模式发生变化：以前是"消费者—生产者相互接触模式"（尤其是人与人接触模式）的单一模式；现在则变为"消费者—生产者分离模式"，以及这两种模式并存的格局。这一转变具有深刻的经济与社会意义。因为这不仅可以有效促进服务的生产与消费，推动服务业发展，也能够在一定程度上应对紧急情况下的"服务消费拥挤"问题。目前，全国疫情基本得控，而海外开始蔓延，疫情防控由内转外，依然不容放松，因此，我们必须从现在开始充分运用现代科技手段，最大程度地发挥其在服务业（尤其是"消费者—生产者分离模式"）生产和消费中的重要作用。

具体措施主要包括：

（1）确保全国互联网的安全高效畅通，保障境内外互联网的安全有效联结，支持以互联网为基础的生产与消费。

（2）大力推广使用人工智能（AI）设备，以"分离式"服务取代"人与人接触式"服务。

（3）确保全国陆海空骨干交通系统的安全高效通畅，保证基本物流服务提供。

二、体制与机制层面的建议

需要特别关注的是，这次疫情爆发对服务业造成的负面影响因为体制与机制上的问题而被放大。比如，像武汉红十字会这样的非政府组织服务（属于社会服务）、医疗服务等都暴露出严重问题。因此，需要从体制和机制入手加以切实解决。

1. 坚持市场化为主导，形成多种服务提供主体有序竞争的新格局

在此次突发公共卫生事件中，像武汉红十字会这样的社会服务提供严重不足、管理混乱、机制呆板，这在很大程度上归因于这类主体所受到的种种限制。社会中介服务与公益服务是一个健康社会的有机构成，政府不能随意取缔或限制。对于医疗服务，国家更应从此次事件中吸取教训，需要切实在制度与机制上解决医疗服务短缺与质量不高问题，推动应急医疗服务体系建设。

首先，要打破行政性垄断，放宽准入领域，建立公开、平等、规范的行业准入制度，促进有序竞争，特别是要准许国内民营企业进入各服务领域。

其次，要防止对服务行业的过分意识形态化与政治化，这主要涉及信息（互联网）服务、教育服务、文化娱乐服务、新闻出版、传媒（包括广播、电影、电视）等服务领域，推动信息公开透明与舆论监督。合法经营的服务提供者，不管是什么行业，都应该被鼓励，而不是一味取缔、限制或封堵。要大力破除思想观念禁锢，回归服务业的经济属性和社会属性。

2. 扩大对外开放，切实提高中国服务业的竞争力

服务业的发展、自由化与对外开放是世界经济发展的基本趋势，也是一国对外开放的重要内容。与其他经济体尤其是发达经济体相比，中国服务业的发展水平相对较低。与此同时，中国也是世界上服务市场限制程度最高的少数国家之一。根据笔者的研究，中国的很多服务部门如医疗、教育、广播、快递、电信、数字服务等领域的限制性壁垒都很高。这些壁垒包括外国准入限制、竞争壁垒、规制透明度、人员流动限制等。长期的对外开放度不足、对外开放水平低下，导致中国服务业的国际竞争力低下，国际化和高端化不足。

同时，全球经贸体制特别是服务贸易体制的演变，对中国的服务业开放既构成了挑战也带来了机遇。中国应密切关注这些形势的变化，加强对 TISA（《服务贸易协定》，包括规则、条款、减让、机制、影响等）的研究和评估，并设法参与进去，避免被边缘化，同时又能借机促进国内服务领域的改革、开放与发展。此外，2018 年初以来，中国与美国之间的贸易摩擦以及多轮贸易谈判磋商也进一步表明，服务业的改革开放不仅成为中美双边经贸关系的焦点，也是中国未来

经济改革与开放的重点。

总之，无论是从此次重大公共卫生事件的角度，还是就中国经济的长期、健康、可持续发展而言，主动扩大与深化服务行业的市场化改革与开放都非常关键，特别是要放松行业准入限制、促进市场竞争、提高规则透明度、改善数字服务贸易支撑条件。唯有如此，才能切实增强国内服务生产能力，提高服务质量和竞争力，建立可靠的提供服务的信誉，提升应对突发事件的韧性和能力。

培育和发展"平战结合"的
医疗防疫服务产业

谢　康　　　中山大学管理学院教授、博士生导师，中国信息经济学会理事长，中国信息经济学乌家培资助计划评选委员会主任，教育部新世纪优秀人才，国家社科基金重大项目首席专家，《中国大百科全书》信息经济学分支主编。长期从事信息经济学、信息化与工业化融合（信息技术和实体经济深度融合）、企业数字化转型管理创新、食品安全治理等方面的研究。

2020 年 2 月 14 日，针对新冠肺炎疫情，中央全面深化改革委员会第十二次会议提出补短板、堵漏洞、强弱项，健全国家公共卫生应急管理体系。本文以此为依据，就如何培育和发展"平战结合"的医疗防疫服务产业做初步探讨。

如果将以下三组数据联系起来，可以剖析一个值得国家高度重视的医疗防疫服务"短板"或"弱项"。

首先，中国成千上万的医疗防疫服务逆行者奋斗在抗

"疫"一线，截至 2 月 11 日，全国医务人员确诊病例 1 716 例，占全国确诊病例的 3.8%，其中 6 人不幸死亡，占全国死亡病例的 0.4%。其中湖北省 1 502 名医护人员感染，占全国确诊医务人员的 87.5%。其次，武汉市 2 月初开始加速建设长江新城等多批次方舱医院，2 月 16 日建成 11 个，快速提高收治能力。2 月 16 日，国家发改委急拨 2.3 亿元专项资金用于武汉市方舱医院建设，为打赢疫情防控阻击战提供财政保障。最后，据中国医师协会统计，2018 年中国医生（含 144 万乡村医生）总数为 450 万，按 2018 年中国人口 13.95 亿计，每万人医生数为 32 人。据《2017 年中国医生生存现状调研报告》，一周工作超过 50 小时的医生占 77%，按一周工作 5 天计，平均每个工作日超 10 小时，且约 1/4 的医生一周工作时间超 80 小时。2018 年全国注册护士 400 多万人，平均每万人拥有护士 28 人（与国际平均水平相当）。然而，据《中国护士群体发展现状调查报告》，77.5% 的护士月收入低于5 000 元，37.6% 低于 3 000 元，这与中国经济在国际上的地位不符。

上述三组数据表明：第一，加快中国医疗服务专业人员队伍建设刻不容缓；第二，方舱医院等应急性质的医疗硬件可以快速建设，但医疗服务质量则需要长远投入；第三，未来中国亟待大力扩张全国医疗服务队伍，将医疗服务体系作为政府公共品性质的财政投入，提高国家基金公共卫生服务项目补助经费标准，培育和发展各个层级的医疗服务产业。将上述三点联系起来，培育和发展"平战结合"的医疗防疫服务产业，构成了中国未来医疗防疫服务产业发展的方向之一。

首先，据不完全统计，中国每万人中仅有 1.4 名疾控人员（美国为中国的 5 倍），且人员分散，缺乏统一组织与协同的机制。同时，中国每 12.6 万人配置 1 名院前急救人员，与国际上每万人配置 1 名急救人员的平均数相差甚远。未来五年解决这个焦点问题的基本思路是：采取"平战结合"的总体布局，一方面，顶层设计、统一部署、组织有力地建立国家、省、市、县四级联控联防性质的疾控应急管理"国家队"，以模块化或虚拟组织方式，将分散于各个部门、各个层级的疾控人员组织起来，扩大专业疾控人员队伍，开展集中与分散的专业培训，应急保障时集中组织，非应急保障时分散于各个部门或层级；另一方面，鼓励和推动多层次、多元化的社会资源参与医疗防疫服务体系建设，重点鼓励国有企业与民营企业采取混合所有制的方式投资地方医疗防疫服务体系项目，形成与应急管理"国家队"相补充的"地方队"，以财政支持、税务减免、项目扶持等产业政策和市场化手段激励民间资本进入公共医疗防疫服务体系，将社会经济活动与医疗防疫"群防群治工作"有机结合起来。

其次，中国经济的高质量发展需要提高国民医疗服务的保障质量。中国经济跨越中等收入陷阱需要获取新动能，提高国民医疗服务质量与教育一样，都会形成经济增长的内生动力。因此，从经济增长内生动力视角来看待加大全科医生培养、加大医疗疾控队伍建设等举措，就是在培育和发展中国的医疗防疫服务产业。按照培育和发展"平战结合"的医疗防疫服务产业思路，除加大全科医生的培养外，还要加强对专科医生群体进行急重病患者急救和防疫处理的能力培养，从而构建"国家队"，同时鼓励和推动各个层级多元化社会自组织开展应急抢救的"地方队"。通过引导社会资本投资专业化的培训机构，在大学生、企业、事业单位甚至政府部门中开展非专业人员的医疗防疫技能培训，提升全民族的国民疾控急救素质和技能。例如，在大学生新生入学军训中将疾控急救知识和技能纳入培训体系中，在民兵预备役组织中开展疾控急救知识和技能培训等，由此构筑"藏富于民"的医疗防疫服务体系和服务产业。以美国约翰斯·霍普金斯大学为例，学校专门设立有紧急事件准备和响应办公室，以确保学校各机构、每个人都能对突发公共卫生事件做好准备。通过短信等方式指导学生和教职员工从诊断、流动救助中心到应急院系按照程序落实疾控措施等。

第四，疾控应急管理奉行的原则之一是事前准备比事后应对代价小得多。2019年中国旅游业总收入6.5万亿元，平均每天约178亿元，按20%复合增长计，2020年中国每天旅游业约200亿元，2020年春节假期一个月单旅游业损失估计超6 000亿元。中国经济长期持续增长得益于发展经济优先的国家战略，但国家财政对国民基本医疗服务和基本教育投入的短板越来越大。2009年国家基本公共卫生服务项目补助经费人均标准为15元，2016年增加为人均45元。显然，提高着眼于"治未病"的国家基本公共卫生服务项目补助经费标准，刻不容缓！按照培育和发展"平战结合"的医疗防疫服务产业思路，一方面，各级财政优先将国家基本公共卫生服务项目补助经费人均标准提高到至少 90 元以上，经济发达的省市甚至可以提高到人均 120 元以上，以此带动医疗防疫服务产业的发展；另一方面，鼓励和推动社会资本投资国家基本公共卫生服务项目，如研究和制定类似高速公路等基础设施投资那样的产业政策，通过多种方式培育多层次、多元化的"平战结合"服务项目，补短板，强弱项，将健全国家公共卫生应急管理体系与推动高质量医疗防疫服务产业的发展有机结合起来。

实施新型基本建设投资工程的建议

刘茂松　　　　　湖南师范大学经济研究所所长，经济学教授、博士生导师，国务院政府特殊津贴专家，湖南省首届优秀社会科学专家。兼任湖南省经济学会名誉理事长，中国经济发展研究会常务理事，湖南省院士专家咨询委员会首届委员。

　　当前我国处于近代以来最好发展时期，但也面临巨大的挑战。一方面国际形势风云变幻，贸易保护主义、单边主义、民粹主义等逆全球化暗流涌动，世界经济重心、世界政治格局、全球化进程、科技与产业、全球治理和世界秩序等面临前所未有大变局；另一方面世界经济仍处于下行阶段，自 2007 年美国次贷危机爆发，20 世纪 80 年代由信息产业革命开启的世界经济长周期由上行转入下行，导致我国经济高增长率终结，进入中高速增长的新常态，其增长率由 2010 年 10.3% 降到 2019 年 6.2%，已连续五年"破 7 入 6"。而在这种严峻形势下，新冠肺炎疫情进一步加剧了经济下行的压力，导致旅游休闲、餐饮宾馆、电影娱乐、商场购物等可选性消费缺失、交通封闭管制、企业停工停产等，对中国经济已造成巨大冲击，预计影响全年 GDP 在 0.5 个百分点左右，经济社会发展的国际国内环境存在很大的不确定性。根据全国近 14 亿人口生存和发展的需要，年经济增长率必须稳定在 6% 左右，这应该构成我国中长期发展的要求，但实现这个目标是十分艰难的。

基于此，我国经济政策选择上建议采取短周期刺激政策和中长周期创新政策相结合，合理搭配使用财税、货币、投资、社保、分配和土地政策，瞄准主要矛盾精准调控。在这里，短周期刺激政策的中心是需求方，刺激内需形成强大的国内市场和对国外强化"一带一路"拓展世界市场，这是政策的着力点。而中长周期政策的爆破点则是科技创新，这直接关系下一轮世界经济长周期主控地位的争夺，中国的崛起是势在必行的，科技创新及新经济必然要突破。当然，短周期政策和中长周期政策是功能互配互助的，前者是稳富即确保富起来：政策调节的目标是稳定经济规模、增加劳动力就业、提高城乡居民收入。后者是竞强即全面强起来：政策调节的目标是促进科技创新、发展核高基（核心电子器件、高端通用芯片、基础软件产品的简称）产业、培育高端人才。两者之间是基础与发展的关系，其根本是依然紧紧扭住供给侧结构性改革这个"牛鼻子"不放松，全面深化，重点突破。这是我国经济发展应对新冠肺炎疫情冲击、缓解长周期经济下行压力、实现高质量发展的基本背景和前提。在具体的政策调控对象上，基本建设投资仍然是根本性的关键环节。为此，我们建议，调整传统的基础设施投资结构，以集约创新为主导的新型基本建设投资为抓手，增加有效需求，抵御萎缩风险，实现国民经济稳定健康增长。重点实施以下三大政策工程。

一、优化空间治理结构，实施中心城市基本建设工程

这次新冠肺炎疫情爆发后，出现了一种看法，认为"大城市人口高度密集容易导致疫情传播感染，还是小城镇好"等，其实，这是传统自然经济思维的延续。空间经济学认为，人口密集是城市的优势，有利于生产的分工配套形成高效益的规模经济，创造更多的财富和就业创业机会。而从流行病学观察，城市也有利于对重大疫情进行集中化、源头化、组织化和标准化的防控和治理，1854 年"伦敦宽街胜利"就是明证。因此，要坚定落实中央财经委员会第五次会议精神，贯彻习近平总书记在这次会议上的重要指示，让中心城市和城市群成为承载发展要素的主要空间形式，提高经济发展优势区域的经济和人口承载能力，根据我国不同区域情况规划建设一批都市圈，增加对中心城市道路、房屋、市场、园区、教育、医疗、文化等基础设施和水道、绿道、湿地、公园等城区生态设施建设的投资，创建绿色、安全、和谐的宜居城市，并形成我国经济高质量发展的新动力源。

总结这次疫情防控经验，还要强化智慧城市如交通管理、物流供应链、应急灾备、信息溯源等设施的建设，提高城市

应急管理水平。从目前我国城市化现状和这次新冠肺炎疫情爆发情况分析，我们特别建议加强长江中游地区中心城市建设，重点以湖南长沙整合紧挨的株洲、湘潭，创建我国内陆腹地国家中心城市，同武汉一道成为长江中游城市群双核心协同发展结构，疏解大武汉人口及产业过度集聚的拥挤现象，形成带动湖南及长江中上游南部湘赣黔地区高质量发展的新动力源，实现长江中游城市群区域南北协同协调发展。

二、优化住房制度改革，实施房地产业转型发展工程

房屋是生活消费和生产消费性的重要产品，是国民经济发展的支柱产业，前后可带动近百个产业的发展。新冠肺炎疫情使"居家隔离""小区抗疫""企业抗疫"成为防疫的主要措施，让人们看到居家和厂房（包括学校房、机关房等）条件对人类生存和发展的重要意义。随着新型工业化、城市化的发展和城乡居民生活水平的提高，房地产业必然要有新的发展。我国几十年来的经验证明，房地产的发展是防范经济停滞和实现经济快速发展的产业杠杆，对中国经济总量上升为世界第二位作出了重要贡献。因此，要客观辩证地看待房地产业的发展，不能因为价格上涨问题就全盘否定，或者使用公权力极端压制。建议深化住房制度改革，调整"一刀切"的限购、限贷政策，分类施策，精准调控。

一方面，各级政府应加大公租房和廉租房的投资建设力度，解决好低收入者和应届毕业生就业居住所需。同时，改进商品房的投资制度，以常住人口规模确定土地和资金的投

入，用活用好居民房贷政策，完善房地产市场法规，搭配运用市场机制和政府财税手段，合理确定及控制房子生产价格，维护房地产市场稳定。此外，还应按照我国城市建设用地规模规划要求，合理增加土地供给，科学扩大建成区规模，以解决我国城市建成区过于狭小，改善居民居住条件，防止因供地过少造成地价过高和人口过度密集不利于疫情防控的问题。

另一方面，各级政府要引导房地产业向楼宇经济转型升级，并与物联网等智能科技融合，通过居住、创业、就业以及信息交汇，把各种现代服务业的业态、企业和项目集聚起来，形成现代服务业价值链，提高楼宇的商业价值、市场价值和品牌价值，从而进入价值创新体系当中，建设有共享经济生命力的房子。

三、优化研发投入结构，实施重大科技设施工程

目前，全球以信息技术、生物技术、智造技术、新材料技术、低碳技术为主的新一轮科技革命和产业革命兴起，这是中国经济走出下行的新动力和机会窗口。这就需要抓住机遇，瞄准世界科技前沿，实现前瞻性基础研究和引领性原创成果重大突破。由于科技基础设施是为探索未知世界、发现自然规律、突破科学前沿、实现技术变革提供极限研究手段的大型复杂科学研究系统，是解决经济社会发展和国家安全重大科技问题的物质技术基础，因此，建议按照国家规划，着力提高投资强度，前瞻谋划和系统部署重大科技基础设施

建设，构建以能源、生命、地球系统与环境、材料、粒子物理和核物理、空间和天文、工程技术等七个科学领域为重点，从预研、新建、推进和提升四个层面逐步完善重大科技基础设施体系。目前，特别是要抓紧建成若干综合性国家科学中心和大规模、跨学科、多功能的世界顶级的高端技术研究开发实验室，衍生出一批新技术、新工艺和新装备，催生出一批颠覆性技术和战略性产品。这对于全面优化我国基本建设投资结构，提高我国科技研发水平，增强原始创新能力，占据新一轮科技革命的先导地位，实现科技强国目标具有极为重要的意义。还能为线上教育、线上医疗、线上办公、线上商场和智慧城市等新业态、新经济、新模式提供技术设施支撑，以扩大市场需求，增加生产和就业，规避经济滞止和市场波动的风险，促进国民经济稳定增长。

疫情下消费型小微企业应对政策建议

方　芳　　　中国人民大学应用经济学院教授、博士生导师。主要研究方向：金融监管，系统性金融风险，中小商业银行经营与管理，小微企业金融服务等。

新冠肺炎疫情给中国社会经济发展造成的冲击是难以估计的，至少打断了中国经济 2019 年底的弱企稳，造成许多不确定。在经济下行压力较大的背景下，疫情对经济影响有多大？如何应对？在此主要围绕疫情对消费领域小微企业的影响及应对办法，提出对策建议。需要强调的是，这里所谈的小微企业，是指那些搭不上现有优惠政策而亟待救助的小微企业。

与 2003 年非典时期相比，当前第三产业消费占比更高，而疫情对服务业消费影响较大。以刚刚过去的 2019 年为例，在整个国民经济中，第一、二、三产业分别占比 7.1%，39% 和 53.9%，第一、二产业分别较 2003 年下降 5.3 和 6.6 个百分点，第三产业提高 11.9 个百分点，已经超过第二产业成为主导产业，成为我国当前经济增长的主要发动机。2019 年最终消费支出、资本形成总额和净出口的经济贡献率分别为 57.8%，31.2% 和 11%，其中消费的贡献率高于 2003 年 22.4 个百分点，已成为拉动经济增长的新动能。然而，此次居家防疫战术重创消费行业，特别是具有体验式的消费实体企业，以小微企业受创最重。

一、消费型小微企业面对的冲击

疫情中，不少小微企业面临着能否继续经营的严峻挑战，特别是服务型小微企业，其主要卖点与销量在节假日，此次疫情发生在中国传统节日春节，营业收入明显萎缩。近期，央行、各大商业银行、财政部、地方政府相继出台降息、降费、降税等优惠政策，最大可能地给予疫情中的小微企业以更多的支持和帮助，但从目前颁布的政策以及未来可操作的空间看，这些政策多集中在已经有一定规模并能够从银行获得贷款支持的小微企业，而数量众多的创业大军所组成的小微企业，则很难从这些优惠政策中获得实际的支持，它们所面临的困境，也许是当下救助政策的死角，亟须阳光雨露普照。

这类小微企业的特点是：数量多、成长快，每一个小微企业解决的就业人数虽然不多，但就像蚂蚁搬家一样，其所形成的合力能提供数量巨大的就业岗位。它们是消费增长点的新业态，以加盟、连锁、合伙甚至是分店的方式存在，诸如奶茶屋、咖啡店、啤酒吧、小龙坎火锅等，遍布城市的各个角落，既满足年轻人的消费新需求，也提升了城市的消费情趣。然而，这些小微企业最大的特点就是缺乏金融支持与政策优惠，没有可依赖的实物资产获取贷款的担保，其启动和发展资金依赖于亲朋好友或者长辈父母，没有银行和市场的金融援助，属于普惠金融遗忘的角落。这些新业态下的小企业的成长历史短暂，没有多少积累，现金流一般维持不超过2个月。疫情已超过2个月，按所承担的固定成本看，几乎面临着大面积倒闭的可能，其后果难以想象。目前急需政府的优惠政策下沉到这类企业，让它们在疫情中保持平稳，积极配合政府的复工计划安排，使疫情后能持续稳定发展，有利于稳就业、保和谐。

二、应对政策建议

1. 免除疫情期间的房租

由于这类企业大多未有银行贷款，所以降息和贷款优惠政策几乎与它们无关。它们是典型的体验式门店服务，不可能转型为一定规模的线上服务。因此，它们迫切希望地方政府出台落地有效的优惠政策，以解决停业期间对它们而言较为庞大的门店固定成本费用——房租。目前北京和杭州等地出台了一些关于餐饮行业停业期间减免房租的优惠措施，但这远远不够。建议如下：

一是在全国普遍落实优惠政策，而不是仅局限在有限的几地。

二是采取"免"而不是"减"的政策，建议凡是租用的场地产权属于地方政府、街道或社区的，可直接免除疫情期间的房租。若产权属于私人的，可采取协商的方式进行减免。在持续未有现金流进入的状态下，免房租对小企业来说，无疑就是把党和政府的关怀、全国上下共渡难关的决心落地，直接渗透到普通百姓生活中，而不是高高在上，夸夸其谈。

2. 政府应果断下令复工

以 2003 年非典数据来看，尽管上半年疫情对消费增长影响很大，但随后的反弹力度并不如人们所期待那样，一个重要的原因就是，消费具有滞后效应，需要时间来补偿，特别是体验式消费，恢复的时间更久。前期的消费萎缩，并不会因疫情的结束而全面步入反弹弥补阶段，这就意味着，2020 年的小微企业在前期停摆、中期复苏、后期正常的态势下，只能勉强维持生存。小微企业的员工大多是 90 后或 95 后年轻人，他们几乎是月光一族，不多的薪酬勉强维持生计，自身积累很有限。一旦较长时间不开工或致失业，无疑就是社会发展不安定的因素。建议如下：在疫情风险分层的基础上，尽快出台复工方案。在低风险区域的人员，应优先复工，尽快为小微企业复工提供便利，使经济社会和百姓生活恢复正常。可以预见，第一、二产业或将相对较快修复，而小微企业居多的第三产业"疗伤"仍需时日。

　　总之，在突发事件爆发之后，我们的国情证明，政府快速和强有力的应对措施可化解和降低风险损失。我们不仅要关注全球产业链的行业，关注大企业，更要关注大量的与民生相关的小微企业，它们人微言轻，需要学者和专家们的呼声，更需要政府暖心的关爱和支持。

数字经济篇

以数字化重振经济活力
重塑发展格局

白津夫

教授、博士生导师，中国政策科学研究会常务理事。曾任中共中央政策研究室经济局副局长，国务院国有资产监督管理委员会经济研究中心副主任，中共中央党校《理论前言》副主编。国务院政府特殊津贴专家。

当前，统筹做好疫情防控和经济社会发展工作，既要有应急之策，也要有长远之计，兼顾当前和长远，立足振兴经济，着眼优化格局。总的来看，新冠肺炎疫情虽然给经济运行带来明显影响，但不会改变我国经济发展长期向好的大趋势。然而，疫情对产业链和供应链格局会带来深刻影响，增加经济全球化的新变数，进一步加剧我国企业发展的内外压力。如何变危机为转机、化被动为主动？要顺应数字化大趋势，加快产业数字化转型和数字经济发展，拓宽发展新路径、培育经济新优势。

一、加快推进产业基础高级化和产业链现代化

这次疫情对我国传统优势产业特别是劳动密集型产业冲击较大，还会对劳动力流动带来更深层影响，从而加剧产业的要素成本约束，客观上会对产业链带来一定的冲击。这从一个侧面表明我国产业基础能力和产业链水平还不高。有资料显示，我国核心基础元器件、关键基础材料、先进基础工艺、产业技术基础水平等对外技术依存度在 50% 以上，与发达国家平均 30% 以下、美德日的 5% 以下有很大距离。

当前，有序推动复工复产，是搞活经济的必要之举。要把推动企业复工复产与强化产业链合作结合起来。面对如此重大疫情冲击，让企业自己走出困境，对很多企业特别是中小企业而言的确难度很大，如果企业各自为战、各行其是还会对产业体系带来干扰。因此，要更加注重产业生态优化、发展机会共享，依托核心企业，推动产业链协同、上下游协力，使得产业链条整体运转起来、产业生态总体活跃起来。形成产业链互补链接、上下游融合发展的产业共同体，合力打造产业发展新优势。

可以肯定，这次疫情的影响远非企业本身，还会持续影响到产业体系与产业格局。特别是在产业链竞争愈演愈烈的背景下，对现有产业链的冲击不可避免，进而对产业联系、市场开拓带来新的不确定性。本来中美贸易争端已经对我国产业链形成干扰，这次疫情又可能成为弱化产业链优势的"切入点"。因此，在千方百计推动复工复产的同时，要把功

夫下在产业基础能力提升和产业链现代化上来，围绕"国之重器"和战略安全产业重点发力，打造世界级产业集群，加快现代化经济体系建设，这样我们才能通过复工复产为经济高质量发展奠定坚实基础，从而走出传统经济博弈的怪圈，超越经济格局化影响，真正赢得竞争的主动权。

二、以发展数字贸易为重点优化供应链

在这次疫情防控过程中，线上购物需求扩张性增长，推动了电商等平台经济发展，开创了数字贸易新局面。同时，数字贸易发展也为重构全球供应链创造了新机会。我们要在复工复产的同时，强化数字化引领作用，通过发展数字贸易优势赢得供应链优化的主动。

一是主动维护全球供应链稳定。我国产业发展已经高度融入全球供应链，并对全球供应链稳定有很强的关联性影响。要形成供应链意识，有序推动复工复产；要优先保障在全球供应链中有重要影响的龙头企业和关键环节恢复生产供应，以维护全球供应链稳定，从而为产业可持续发展提供强有力的支撑。

二是要积极应对供应链之变。现在已经进入以供应链为人类新型组织方式的时代，全球正面临产业链创新、供应链重组，任何触点都可能引致全局性变迁。随着疫情在全球范围内扩散，势必会影响到我国的对外交往和进出口贸易，甚至会影响供应链体系，进一步促使产业链转移。虽然疫情是短期的，但在这个特殊时点上，其对经济波及影响不会是短

期的，我们必须做好长期应对的准备。

三是要优化供应链格局。全球贸易数字化呈加快发展之势，在过去十年中，全球通信技术服务和可数字化交付的服务出口增速远大于整体服务出口的增速，反映了世界经济的日益数字化。目前，电商已占全球 12% 的商品和服务，预计 2020 年全球跨境电商 B2C 将突破 1 万亿美元。随着数字贸易的发展必将重组供应链，重构贸易格局。我们要抓住机会，加快战略布局，在跨境电商市场规模优势基础上，进一步提升贸易数字化水平。通过数据业务化、业务数据化，构建线上线下、全流程、一体化的供应链体系。通过发展数字贸易，走出传统贸易模式约束，重塑贸易格局优势，摆脱贸易"受制于人"的局面。

三、加快推进工业互联网建设，打造"数字工业共同体"

推进工业互联网建设是我国产业战略的重点，也是全面提升我国产业水平的关键。对此，我国进行了战略规划和布局，正有序推进建设进程。在此基础上，国内有专家提出打造"数字工业共同体"，旨在供需精准对接、信息有效匹配，推进协同一体化发展。

有序推进复工复产要与工业互联网建设更好地结合起来，发挥工业互联网聚集资源、协同响应、共享发展的优势，坚持平台的"共生原则"，由线上赋能线下、平台赋能企业、核心企业赋能产业链，形成协同一体化的经济生态系统，优化产业链整合，放大资源配置效率。

一要建设工业大脑，用工业互联网联通产业链、创新供应链，促进基于平台的跨区域分布式生产、运营，提升全产业链资源要素配置效率。

二要加快产业数字化进程，搭建工业云平台，培育百万工业 APP，推进制造技术软件化提升，并根据技术需求进行软件化创新。强化技术软件化云服务，实现个性定制、联程设计、协同制造、延伸服务。

四、推进金融数字化，积极发展供应链金融

金融数字化创造了新的业务模式、应用、流程或产品，为金融与实体经济融合拓宽新路径。

一是通过数字技术集成，以效率为中心重构金融服务流程。打造零距离、多维度、一体化的金融服务体系。

二是强化数字平台服务功能。通过数字化赋能，深度融合线上线下资源，打通供给需求瓶颈，构建多层、多系统平台支撑体系。挖掘数据资源，提升数据价值，推动数据交易，拓展数据集群。

当前，要突出以供应链金融为重点，促进金融更好地服务于复工复产，更好地与实体经济深度融合。供应链金融的最大特点就是在供应链中，以核心企业为出发点，为供应链各环节提供金融支持，使供需精准对接和有效匹配，进一步加强战略合作。而通过金融数字化可以进一步强化供应链金融的功能，推进供应链金融数据网络化、交易标准化和服务精细化。通过信息化手段降低每个环节之间的摩擦成本，促

进产业链条各环节与金融深度融合，节约资金成本，放大资金效应。这对于破解我国产业发展资金约束，增强产业链、供应链效能具有重要意义。

当前，疫情防控正处于关键阶段，同时经济振兴也到了紧要关头，我们要统筹安排、协调推进，把抗击疫情转化为经济振兴的强大动力，通过经济振兴为抗击疫情提供充足的物资保障，为经济稳定健康发展提供坚实的物质基础。

以疫情为契机，加快推进
企业数字化转型

李晓华

中国社会科学院工业经济研究所国际产业研究室主任，研究员，中国社会科学院大学教授、博士生导师。兼任中国工业经济学会常务副理事长，中国区域经济学会常务理事，中国服务型制造联盟专家委员会副主任等。主要研究领域：工业化与工业发展，全球价值链，战略性新兴产业，互联网＋与数字经济，产业布局，产业政策，竞争战略等。

新冠肺炎疫情对我国经济造成严重影响，许多企业营业收入骤减、艰难维系，一些企业大量裁员甚至关门倒闭。相对来说，数字化水平高并积极利用数字技术开展转型的企业受到的影响较小，一些数字服务提供企业甚至逆势发展。可以说，新冠肺炎疫情是对我国企业和群众的一场大规模数字化普及教育，也是加快推进企业数字化转型的契机。

一、数字化转型一定程度减轻了疫情的影响

防控新冠肺炎疫情的主要举措就是防止人员的聚集和接触，这给传统业务的开展带来巨大困难，而数字技术恰恰具有"非接触"的优势。数字技术主要从以下几个方面帮助企业在新冠肺炎疫情下开展经营活动：

一是利用信息化平台对接供需、管理供应链。例如，在人员不接触的情况下，制造企业根据用户需求组织零部件供应，安排生产和产品的运输、配送；一些企业通过加强对商品的在线推广和销售还实现了逆势增长。

二是利用数字会议平台组织交流、研讨。阿里巴巴、腾讯、华为等数字技术企业及时免费推出钉钉、腾讯会议/企业微信、Welink 等网络化协同解决方案，供企业开展在线会议、协同办公。

三是利用信息技术加快商业模式转型。面对业务量几乎骤降为零的现状，一些餐饮、零售企业利用数字化平台进行在线销售，如餐饮企业由堂食为主转向以外卖为主，甚至在线销售食材、半加工食品。相比数字化水平低的企业，这些数字化转型快的餐饮、零售企业能够在一定程度上抵消固定成本支出。

四是可数字化的产品或服务直接转为线上销售和服务，如电影《囧妈》从院线放映转为以 6.3 亿元出售给字节跳动，后者免费在线放块。

五是一些制造企业利用智能化设备开展柔性生产或转产，

如富士康、海尔、比亚迪等企业利用柔性制造优势，快速实现向医疗物资的转产。

六是互联网企业积极开展"宅经济"，面向人们长期宅在家里的需求提供娱乐、游戏、教育、健身等在线服务。

七是数字技术企业为疫情防控提供技术支持，如人工智能企业开发戴口罩情景下的人脸识别、密切接触者筛查服务。

八是数字技术企业为其他企业的数字化转型提供支撑，如提供云计算服务、网络化协同解决方案等。

数字经济具有非接触、柔性高、可扩展的特点，在面对不可预见的重大事件冲击时表现出明显优势，而且符合灵活办公、零工经济等社会发展潮流，代表着企业生产经营的转型方向。新冠肺炎疫情中数字技术的更广泛应用，使企业经营者、员工和广大消费者认识到数字技术的威力，享受到数字经济带来的便利，新冠肺炎疫情后数字经济有望迎来更快的发展。

二、我国企业数字化转型存在的问题

尽管数字化、智能化代表着企业发展的方向，支撑技术也已相对比较成熟，而且有政府的大力推动，但是除了少数大企业特别是互联网企业进展较快之外，大多数企业的数字化转型速度仍不够理想。

一是企业的信息化基础较差。企业的数字化、智能化转型是建立在企业经营管理、生产制造、用户服务等各部门、各环节的信息化之上的。但总体上看，我国企业的信息化非常不平衡，既有积极开展数字化、智能化的行业领先企业，也有大量企业信息化的软硬件投入少，缺少信息化技术人才，信息化水平非常低，严重制约了数字化、智能化转型的推进。

二是企业的积极性不高。企业的数字化、智能化转型需要大量的软硬件投资，在我国整体经济减速的情况下，许多企业缺少数字化转型投入的资金实力。数字化转型还需要引进专门的信息技术人才，但高级数字化人才薪酬水平很高，传统企业难以负担。更为重要的是，许多企业的经营管理者对数字化转型的认识不足，缺少互联网思维，对数字化转型投资的回报缺乏信心。

三是企业内部数字化水平不平衡。我国企业的信息化多从财务信息化、企业网站等环节起步，进而发展到办公系统、客户关系管理、ERP 等领域，总体上来看，研发设计、生产制造、供应链管理、办公协同等环节的数字化水平较低。而且同一企业的各个环节、各个部门、不同地区业务单元之间的系统、数据没有打通的问题普遍存在。

四是外部条件制约数字化转型。尽管我国数字经济实现了巨大发展，涌现出一批基础设施服务、系统解决方案服务企业，但由于数字企业缺少行业知识、行业企业缺少数字化能力，真正能够提供较为有效的行业解决方案的数字化企业不多，能够服务中小企业的服务商更少。在硬件方面，制造企业、物流企业以及一些远程服务企业对通信网络具有大带宽、广连接、低延时的要求，目前 5G 在我国刚刚商用，距离广泛覆盖、能满足企业需求还存在较大差距。

三、加快推动我国企业数字化转型的建议

新冠肺炎疫情在给我国企业带来严重打击的同时，也是一次通过对企业、用户进行数字化普及教育从而加快企业数字化转型的契机。因此，应该采取政策措施解决数字化转型中存在的问题，加快推进数字化进程。

一是加强信息基础建设。将新一代基础设施建设作为我国"新基建"战略的重点领域，加大资金投入，这既是新冠肺炎疫情过后刺激经济的重要举措，也是强化企业数字化转型的基础。应将 5G 网络的建设作为"新基建"的重点，加快在工业园区、商业楼宇等企业需求大的场所完善网络覆盖。

二是支持企业数字化改造。在中央技术改造专项资金中划出专门资金用于企业进行数字化设备和软件系统的更新、改造，支持企业业务系统云化部署。鼓励政策性银行为各类企业的数字化改造提供低息贷款，从而加大对本地企业数字化改造的资金支持。

三是开展数字化转型试点示范。鼓励企业利用新型数字技术创新生产方式、商业模式和产业业态。选择有代表性的行业、价值链环节、模式等进行数字化转型示范，总结优秀企业数字化转型的经验，编制案例集和慕课进行推广。在全国各地组织数字化转型试点示范的理论与政策研讨、经验介绍，组织专家帮助企业进行数字化转型诊断。

四是促进数字化专业服务企业发展。鼓励大型互联网企业、数字化水平高的行业龙头企业建设云制造、云服务平台，

发展数字化产品、解决方案和服务包，向其他企业提供数字基础设施、数字化解决方案等服务。支持在数字化专业服务领域的创新创业活动，对发展快、市场前景好的创业企业优先安排上市。鼓励专业化数字服务企业为中小企业提供数字化转型系统解决方案服务。

新冠肺炎疫情将加速数字经济的发展

张 莉

赛迪智库网络空间研究所副所长、副研究员。研究方向：数字经济，数据治理，数据安全等。

新冠肺炎疫情具有紧急突发性、高度不确定性、后果严重性、快速扩散性等特征，对我国经济、政务、社会等各个领域都造成了不小的冲击和挑战。但是危机中往往孕育着机会，疫情将加速数字经济的发展。

一、数字经济在抗击疫情过程中"大放光彩"

（1）以 4G/5G 为代表的数字基础设施提供坚实基础。无论在抗击疫情中的解决医疗医护需求、无人医疗、健康监测、公共安全视频监控等场景，还是在满足人们宅家生活的远程办公、远程教育、泛游戏、泛视频和云化类等场景，以4G/5G为代表的数字基础设施都提供了最为坚实的支撑。

（2）大数据和人工智能等新技术新应用发挥重大作用。大数据、人工智能等新技术新应用在抗击疫情中的疫情态势分析、物资保障调度、发热检测、物资投送、疫苗研发、病毒溯源等方面和复工复产的态势追踪、人员流动情况、运输调度等方面都大显身手，起到关键作用。

（3）互联网和电商产业极大降低了疫情负面影响。无接触配送服务、在线问诊、直播教学、互联网办公、远程即时维修等线上服务方式极大降低了疫情对生产力和人们生产生活的影响，为非常时期人们正常的生活学习工作需求提供了有力保障。

二、疫情之后数字经济有望迎来井喷式发展

（1）企业加速向数字化、智能化方向转型，产业数字化进程提速。新冠肺炎疫情重创商业地产、餐饮、影院、旅游等带有服务属性的线下门店业态，但与此同时，短视频、游戏、在线教育、生鲜等众多线上商业生态迎来了短期的爆发式增长机遇。冰火两重天的现实倒逼传统企业反思并加速线下与线上业务的融合。有调查显示，疫情期间约40%的餐馆尝试开拓线上外卖，云卖房、云卖车、云上市、云发布甚至云演唱会等新商业模式不断涌现，产业数字化进程明显提速。

（2）各方对于数据的理解和期待大幅提高，数据的价值不断释放。在抗击疫情过程中，数据和信息成为关键要素。

数据是政府掌握疫情动态精准施策的"指南针"，是互联网企业和专业开发者推出防疫APP服务的"源动力"，是科研机构破解病毒并提出治疗方案的"金钥匙"，是广大民众实现知情权和加强自我防护的"透视镜"。在产业数字化进程中，数据作为生产要素参与分配的突破性意义将被越来越多的企业家深刻理解，数据驱动数字经济发展的价值不断释放。

（3）无人驾驶、智能机器人优势全面体现，人工智能需求旺盛。面对新冠病毒，人工智能算力、算法助力病例筛查、药物研发，智能机器人承担消毒、送药、送餐、回收被服和医疗垃圾等工作，大大降低了医患交叉感染的风险，在疫情阻击战中体现出诸多人力所不能及的优势。值得一提的是，在物流配送这一无论对传统经济还是数字经济都具有重要战略意义的领域，在疫情导致纯粹人工运输和配送模式捉襟见肘的特殊时刻，无人驾驶、机器人配送尚做不到"临危受命"，这既是一种技术发展滞后于需求的遗憾，更折射出人类社会对于人工智能的需求愈发旺盛。

（4）数字经济彰显中国经济发展韧性，全球数字经济或掀高潮。新冠肺炎疫情充分证明，一场重大突发公共卫生事件对经济社会的打击不亚于一场局部战争。但是，在党和国家系列强劲举措下，再加上数字经济的韧性补位，这次疫情已得到较好控制。目前，全球多个国家和地区均大规模爆发新冠肺炎疫情，鉴于数字经济助力抗疫的重大作用，全球或将重新审视数字经济的重要性，掀起一轮数字经济发展的新高潮。

三、发展数字经济需要牵住几个"牛鼻子"

（1）推动数字基础设施和技术发展是当务之急。着力推进通信网络、大数据、5G 等数字基础设施和新技术的发展，高标准推动宽带网络、互联网数据中心等传统基础设施的升级改造，解决不同省市和不同地区之间、城市与农村之间基础设施水平差距大的问题，积极构建高速、移动、安全、泛在的新一代数字基础设施，提高数字资源交互效果，为发展数字产业化和产业数字化升级奠定坚实基础。

（2）深化数据治理和数据安全工作是重中之重。如同农业时代的土地、劳动力，工业时代的技术、资本，数据已成为数字经济时代的核心生产要素。政府作为掌握海量公共数据的主体，应支持在医疗卫生、交通运输等重点领域先行先试，研究分级分类公共数据开放策略，探索建立科学有效的公共数据开放共享体制机制，加快推动社会各方开发利用公共数据资源的法制化、制度化、规范化，最大限度释放公共数据的潜能。对于互联网企业、电商平台等采集的数据，应建立健全数据流通、平台经济、数据反垄断等相关立法，明确数据流通涉及的产权、定价等交易环节，规范数据采集、存储、使用、共享相关行为，规范平台各相关主体的权责，为数据流通创造良好的法律和政策环境。同时，要加快推出数据安全、个人信息保护等法律法规和制度规范，切实加强对个人数据的保护。

（3）强化重点领域数字化、智能化应用是现实所需。引导大数据、人工智能等新技术与第一、第二、第三产业深度融合发展，着力推动农业、工业和服务业向数字化、智能化、平台化、生态化升级，实现数字经济助推实体经济发展的叠加和倍增效应。促进人工智能、大数据、物联网等新技术向重点行业的渗透应用，加快推进智慧医疗、智慧教育、智能交通、无人驾驶、智能制造、智能家居等智能经济应用发展。

（4）开展数字经济相关基础性研究是固本之源。数字经济是全新事物，具有许多不同于传统经济的特点，使用传统经济学理论加以解释和指导已不能完全奏效，亟须开展基础性研究。应推动高校、科研院所、研发中心加强对相关理论、技术和实操等方面的研究，在数据产权、竞争理论、企业组织、组织管理、产品定价等领域加快取得突破性成果，同时也可锻造一批基础理论功底深厚、研发技术过硬的数字经济领军人才和骨干人才。

（5）加强数字经济国际合作与交流是大势所趋。以数字"丝绸之路"跨境电商为依托，加快"一带一路"沿线国家数字基础设施的建设以及互联互通，实现数字流与信息流的互联互通，连接各个国家的核心生产要素和优势资源。加强与国际社会在智能化研发、智能化产业、智能化安全等方面的合作，加强对数字经济国际规则的研究，提升我国话语权。

关于增强产业链弹性，推动经济高质量发展的建议

秦海林

赛迪智库工业经济研究所所长，国务院政府特殊津贴专家。主要研究领域：工业经济，产业规划，园区战略定位，财税政策，国际经贸规则，制造业高质量发展，中美经贸磋商等。

党的十九大指出，我国经济已由高速增长阶段转向高质量发展阶段。经济高质量发展要求的不仅是经济层面"量"的增长，更要求"质"的提升，即我们国家已由单一目标追求向多元目标实现转变。从产业发展层面来看，这种多元目标不仅是指产业规模上的提升，还包括产业质量、产业安全、产业协同、产业弹性等诸多方面。此次新冠肺炎疫情发生以来，重点医疗物资产能与突发疫情下暴涨的实际需求存在较大缺口，暴露出我国产业供需平衡的脆弱性，归根结底，还是我国产业链弹性不足造成的。因此，增强产业链弹性，是

推动我国经济迈向高质量发展的重要一环。

产业链弹性，是指在需求端发生重大变化时，供给端在短时间内形成相应产能的能力。具备产业链弹性，可在突发事件中迅速组织产业链上下游各环节开展生产，有效应对相关物资需求的大幅提升，防止出现生产停摆等现象。

可以想象，在我国迈向经济高质量发展的过程中，还面临类似新冠肺炎这样的突发事件（如自然灾害甚至战争），按市场规律运作的供需关系即被扰乱。因此，为了有效增强产业链弹性，短时间内有效整合产业链上下游资源，充分释放产能以形成产业链的迅速响应能力，提出以下建议：

一是充分发挥大企业头部效应，以"集合制造"理念打造跨行业的弹性生产能力。大型制造业企业由于在生产管理、厂房设备、市场协同、技术输出等方面的优势，可在短时间内汇聚产业链上下游配套资源以形成跨行业产能，如汽车与电子行业对清洁生产要求较高，可短时间内转向口罩生产。因此，提升产业链弹性需充分发挥大企业的"头部效应"，以"集合制造"理念快速形成龙头企业的生产能力，通过专业化分工带动原材料、专业设备等产业链上下游企业迅速响应行动，并充分给予资质审核、物资调配、资金扶持等方面的政策保障，培育弹性生产的排头兵、领头羊。

二是打造适应弹性生产的产业链信息监测与物资调度平台，利用数字技术手段，提升产业链供需匹配效率。搭建适应弹性生产的产业链信息监测与物资调配平台，围绕疫情防控、自然灾害救助甚至战备等紧急情况下的需求，将相关应急产业（医疗物资、通讯设备、应急救援设备等）的产业链上下游企业的产能、分布、物资储备等综合信息进行有效梳理，摸清现有产能分布与潜在开发产能情况，实现可视化动态监测。同时，充分运用大数据、人工智能、云计算等数字技术手段，在资源调配、产需匹配等方面更好地发挥支撑作用，快速有效地满足不同地区、不同行业间的产业链上下游配套生产需求，如电子订单下达、物流配送调度等功能，实现重大紧急情况下的生产全国一盘棋统筹。

三是增强战略物资与生产线储备能力，以备在重大紧急情况下有效转化为生产能力。参照发达国家在军工领域的生产线应急方案，构建"产品与产能同储备"的应急储备机制，相关生产线平时只是停止生产，而不是彻底停产，保持生产线"温热"，可围绕医疗物资、通讯设备、应急救援设备等应急产业发展需求，由军方组织战略储备一批生产线，平时可用于军队产品生产，重大紧急情况下可转为民用。尤其是在重点产业领域应储备一批自动化生产线，以应对重大紧急情况下的生产人员紧缺问题。

四是将产业链弹性纳入产业治理能力提升范畴，加快全球范围内的产业链布局，打造我国产业链弹性多维发展路径。产业链弹性的增强是产业治理能力的一种体现，将产业链弹性上升到国家治理层面有助于更全面、更系统、更科学地布局产业链。面对全球性突发事件（如此次疫情），蕴含着提升产业链弹性的重大机遇，随着疫情在全球蔓延，处于产业链高端环节必然受到重大冲击。当前，我国产业链正迈向全球产业链的中高端，可挖掘疫情背后的机会，加强国际交流，通过技术合作、资产并购、人才引进等方式，在我国仍有比较劣势的产业领域深化合作，加快推进产业链海外布局，打造我国产业链弹性多维发展路径。

尽快建立应对重大公共事件的产业供应链弹性管理机制与体系

宋　华

中国人民大学商学院教授、博士生导师。兼任商务部市场调控专家库专家，日本京都大学经营管理学院讲座教授，中国物流学会副会长，中国管理现代化研究会副秘书长。主要研究领域：供应链物流管理，供应链金融，服务供应链，供应链关系，供应链安全与风险管理，供应链柔性等。

　　通过本次新冠肺炎疫情，让我们看到在国家层面建立产业供应链弹性管理体系的必要性。所谓产业供应链弹性指的是，一方面能够通过有效的制度和体系抵御突然发生的公共事件，从而使重大事件对一国产业经济的负面影响降到最低；另一方面，一旦重大公共事件的爆发造成产业供应链中断或受损，能够通过行之有效的手段，快速地让社会产业供应链恢复到原有状态，或者更为有效的状态。目前，一些发达国家都在纷纷建立国家层面的供应链弹性体系。面对这次全国性的抗击新冠肺炎疫情以及如今各地开展复工复产的挑战，更需要我们尽快探索如何在国家层面建设产业供应链弹性机制和体系，从而实现抗击重大公共事件引致的灾害与产业供应链的稳定持续发展之间的均衡。

从世界各国的经验以及我国的特点看，这种国家产业供应链弹性体系建设应当关注五个方面。

一是加强政府与产业之间的信息分享和透明化管理。重大公共事件爆发后，无论产业还是政府管理部门都需要及时或实时掌握重大公共事件对产业的冲击点和冲击程度。重大公共事件的发生，可能会对产业运行的不同方面（如供应端、需求端或物流端）、不同行业、不同地域产生差异化的影响。因此，需要通过建立政府与产业之间高度关联和分享的信息机制，让各方及时掌握重大公共事件产生的影响，从而有针对性地施策，尽快促成产业供应链运营的恢复。除了及时或实时信息化反馈和决策外，要建立弹性产业供应链，还需要运用现代信息通讯技术（如大数据分析、物联网、区块链等）实现产业供应链的透明和可追溯管理，这一点在应对重大公共事件、救灾或恢复过程中尤为重要，这不仅是因为透明、可追溯可以极大地提高政策实施的效果和产业链恢复运行的效率，更在于能够实现良好的社会治理以及增强抗击重大公共事件的信心。

二是建立协调化、综合性的产业供应链风险管理与产业恢复机制。产业供应链往往涉及多环节、多领域以及多利益相关者，任何一个环节的损失或失效，都会对整个产业供应链产生深远影响。具体来讲，产业供应链的恢复不仅涉及企业层面的问题，还涉及劳工、交通、海关、商检、工商、税务、金融、其他公共事业部门等各个方面的协调配合。此外，为了使应对、恢复措施落地见效，还需要建立起自上而下的协调机制。本次抗疫过程中，中央各部门和各地政府均在制定政策措施，帮助企业复工复产，这是非常重要的举措。但是还要从全局性、系统性的角度协同政策措施，防止措施实施的不一致对产业供应链恢复的影响。

三是确立产业供应链弹性和恢复的管理流程。要迅速恢复产业供应链，有效地制定和实施对策，需要管理部门有一套行之有效的管理流程，并且形成一套标准的工作规范。一般而言，恢复产业供应链的工作步骤和规范分为五个阶段：第一阶段是研究与绘制（research & map），即运用即刻获得数据信息来识别、映射产业供应链的节点；第二阶段是分析（analysis），即在识别和绘制供应链节点和援助需求后，政府管理部门通过审视特定供应以及节点的重要性，整合相关利益方，对产业供应链进行初步分析；第三阶段是外联（outreach），即在分析产业供应链状况后，管理部门可以与主要利益相关者（包括私营组织、相关司法部门和其他区域合作伙伴）进行接触，以审查他们的情况，开展合作；第四阶段是行动（action），指的是政府与相关利益方合作实施开展求助，恢复产业供应链弹性；第五阶段是评估与再定义（assess & refine），即因应供应链运营的变化和弹性的要求，持续与利益各方合作，不断提升数据、分析和行动的效果。显然，这一套管理流程和规范有助于有序、有效地开展工作，最大

限度地调动社会各方力量，恢复产业供应链运营，而这也正
是中国目前亟须解决的问题。

四是综合性的"人"（劳动力保障管理）、"财"（金融政策
和服务）、"物"（物流保障）管理体系。产业供应链的顺利运
行，特别是遇到重大公共事件后，恢复生产和经济秩序，最
为重要的是人、财、物的保障，这是供应链运行的基础设施
和系统。"人"主要是如何迅速地保障产业供应链关键活动或
者关键领域的劳动力和人才。具体来讲，政府层面，一方面
需要根据疫情在不同地区的状况，采取差别化的疫情防范措
施，柔性制定返岗复工政策，尽快将产业供应链的风险降至
最低；另一方面需要采取积极的劳动力政策，帮助企业解决
劳动力问题，特别是要统筹返岗复工复产的政策落实。弹性
供应链建设的另一个重要基础设施便是金融服务。这次重大
公共事件的发生，很多企业特别是中小企业面临着资金短缺
甚至中断的风险，对产业供应链恢复构成了严重威胁。面对
这一状况最近国家各部门也出台了很多扶持中小微企业的金
融政策，这些举措均取得了良好的作用。然而，要形成持续
的弹性供应链机制，除了这些应急性措施外，更需要制度性
保障，特别是开放政府公共数据，支持企业征信；敦促核心
企业加强配合度（要求其确权、开放信息）；线上审查和尽职
调查；增加流动性（如降准、逆回购等），显然这些问题的解
决都需要制度化建设。弹性供应链保障体系的第三个方面是
物流，面对重大公共卫生事件，应急物流是重中之重，没有
良好的物流支撑，产业供应链的运营也难以为继。

五是尽快建立基于事件的产业供应链预警体系（EWS）。基于事件的供应链预警体系的建立是保持供应链弹性的关键要素，它是指通过一些手段和举措尽早识别并告知重要的事态发展，并且根据预警信息可以在足够的时间内启动适当的措施，以最大限度地减少意外事件的影响。具体来讲，EWS的建立需要关注以下几点：

第一，必须考虑一些经济标准来定义相关的监视领域或活动。

第二，建立及时有效的提供和获得数据信息的技术手段。这可以借助社会力量（如一些科技公司、大数据公司的技术能力）以及各管理部门协同打造企业和行业的信息数据实时监测体系。

第三，建立当前信息数据的分析模式，分析判断中需要考虑特定的指标、趋势、模式和经验，以识别关键事件。

第四，建立预警信息的反馈与分享机制。

疫情防控背景下数字贸易助推中小企业复工复产的对策建议

马述忠

浙江大学求是特聘教授、博士生导师。浙江大学国际商务研究所所长，浙江大学"大数据＋跨境电子商务"创新团队负责人，全国国际商务专业学位研究生教育指导委员会特聘专家，中国信息经济学会副理事长，中国世界经济学会常务理事。主要研究方向：全球数字贸易，国际贸易与跨国投资。

新冠肺炎疫情正在全面冲击我国经济，各级政府在做好疫情防控工作的同时，还必须助推企业复工复产。相较于大企业而言，中小企业抵抗疫情影响的能力较弱，应当是政策重点扶持对象。数字贸易既是中小企业短期应对疫情影响的重要出路，更是长期发展对外贸易的必然选择，是政府在疫情防控背景下助推中小企业复工复产的战略突破口。

一、疫情防控背景下中小企业复工复产面临着巨大困境

当前，疫情防控形势仍然严峻，短期内对我国经济造成了一定影响，主要体现在企业的生产经营上，大量企业因疫情影响延期复工复产，即使有小部分复工复产的企业，仍然遭受订单减少、资金缺乏、用工难等方面的负面冲击。面对这些负面冲击，政府推出强有力的扶持政策以稳定中小企业的生产经营十分紧迫且非常必要。一方面，由于中小企业自身规模小，抗风险能力弱，获取资源能力有限，负面冲击对其影响更大。当前大量中小企业经营状况不容乐观，甚至面临随时倒闭的局面。另一方面，中小企业在我国经济体系中具有至关重要的作用，深刻影响着国计民生，因而助推中小企业复工复产是疫情防控背景下快速恢复经济发展的工作重点。

二、疫情防控背景下数字贸易助推中小企业复工复产的优势

1. 数字贸易相较于传统贸易的比较优势

第一，数字贸易有利于中小企业提高匹配效率。一方面，数字贸易通过跨境电商平台为中小企业搭建了一条直接对接目标市场的网上通道，扩大潜在客户的数量。另一方面，跨境电商平台沉淀的海量信息及其提供的数字化工具与服务可以帮助中小企业准确及时掌握目标市场的动态变化，实现精准匹配。

第二，数字贸易有利于中小企业降低经营成本。一方面，

数字贸易基于跨境电商平台的集成优势提供更完善的供应链服务，从而降低中小企业履约成本。另一方面，跨境电商平台上留存的大量交易数据有利于金融企业改进中小企业授信的审批和风控模式，从而降低中小企业的申贷成本。

2.疫情防控背景下数字贸易的绝对优势

第一，数字贸易有利于中小企业实现智能生产。一方面，数字贸易能够基于跨境电商平台数据准确把握客户需求，减少不必要的线下供应链流程，提高有效生产效率。另一方面，数字贸易有利于中小企业规范化生产，通过精准计算原材料需求，合理组织作业班次，加快生产效率，在保障疫情防控的前提下实现复工复产。

第二，数字贸易有利于中小企业实现线上办公。一方面，数字贸易既不要求企业线下参会和对接客户，也不要求企业线下调研目标市场数据，这极大减轻了疫情防控压力。另一方面，数字贸易既能减少企业线下完成供应链服务流程的场景，又能减少企业为获取金融贷款证明其信用能力的线下过程，有利于减少疫情期间的人员流动。

三、数字贸易助推中小企业复工复产的对策建议

1.长期具有深远影响的对策建议

第一，提供传统企业起航补助。政府应当鼓励传统企业通过数字贸易改善营销渠道，支持跨境电商平台减免新签中小企业所需交纳的注册会员费和宣传费等增值费用，减免部分由政府和平台协商承担。

第二，完善金融扶持担保服务。政府应当鼓励银行等金融机构对具有良好信用资产的中小企业给予延期还贷等金融支持，并为其提供一定的资金担保，帮助其获取国内外订单和履行合约。

第三，提高国内通关检疫效率。政府可以与跨境电商平台联合构建数字关境，通过平台式运营和数字化操作等形式，实现关务活动的改革和创新，提高中小企业的通关检疫效率。

第四，统筹海外物流仓储资源。政府应当与外贸综合服务平台合作整合海外物流和仓储资源，鼓励中小企业在跨境电商平台大数据运算的基础上利用海外仓实现提前备货，保障目标市场货源充足。

2. 疫情防控背景下短期更具针对性的对策建议

第一，改进企业征信管理机制。针对疫情导致无法及时发货的问题，政府应当与跨境电商平台合作改进中小企业征信管理机制。在中小企业提供相关证明和平台统一处理的基础上，政府为受疫情直接影响的中小企业出具与不可抗力相关的事实性证明，减少疫情对中小企业信用的影响。

第二，支持平台开展对外宣传。针对因外媒对疫情错误宣传所导致的国外消费者对中国制造信心不足的情况，政府应当支持跨境电商平台开展对外宣传。一方面，我国政府可与国外政府达成合作，在权威媒体上发出中国声音。另一方面，政府可以补助平台利用传统媒体与新兴媒体进行宣传，恢复国外消费者的信心。

第三，提供企业特殊税收优惠。政府应当参考跨境电商平台的相关数据调整中小企业进出口关税政策，适当调整深受疫情影响的特殊地区、特殊产业和特殊产品的进口税率和出口退税率，助力中小企业轻装前行。

第四，减免产业园区租金费用。政府可以通过资助补贴和定向贷款等形式降低或推延跨境电商产业园区中小企业的房租，特别是对采取线上线下结合灵活办公且不裁员、少裁员的中小企业，可以提供更高的租金补助。

数字贸易作为未来国际贸易发展的必然形态，会逐步取代传统贸易。当前疫情防控的背景，加速倒逼中小企业采用数字贸易这一最有效的贸易形态稳定生产经营。在政府合理的政策支持下，中小企业将通过数字贸易在短期内实现复工复产，在长期内提升数字经济时代核心竞争力，从而在疫情过后继续推动开放型经济的高质量发展。

开放互联网医疗首诊 安全有效增加 医疗供给 最大限度减少交叉传染

朱恒鹏

中国社会科学院经济研究所副所长，中国社会科学院公共政策研究中心主任。出版有《前沿思索：中国经济非均衡分析》《中国药品流通行业发展报告》《中国市场化指数——各地区市场化相对进程报告（2001年）》等。

新冠肺炎疫情爆发，导致全国医疗资源高度紧张，各种患者蜂拥医院尤其是三甲医院，不但迟滞了医院集中力量应对疫情，也大大增加了各类患者及其陪护家属交叉传染的风险，加剧了疫情爆发风险。

迅速安全有效增加医疗服务供给、最大限度降低交叉传染风险的措施之一就是立刻放开互联网首诊，赋予其合法地位。这样，很多医生就可以利用在家等业余时间网上指导患者就诊和治疗，不但很多新冠肺炎疑似患者可以迅速得到有效指导，缓解社会恐慌，大部分常见病、多发病患者也可以在家接受医生的专业指导，尽最大可能减少路上和蜂拥医院产生的交叉传染。

2018 年 4 月国务院办公厅发布的《关于促进"互联网＋医疗健康"发展的意见》中规定："允许在线开展部分常见病、慢性病复诊"。国家卫健委对此的解释是，互联网医疗只能从事复诊，不允许通过互联网进行首诊，即不允许没有线下见面医生即给出诊断意见和治疗方案包括处方的行为。但实际情况是，互联网首诊已经普遍存在，只是为了规避政策和法律风险，医生和互联网医疗平台将此种行为定义为"咨询"，并且发明了一个目前已是众所周知的专有名词"轻问诊"，事实上提高了诊疗效率，节省了医患时间。

目前，使用"轻问诊"的主要是城市中受过一定教育的人群，相对集中在大城市。政府立刻放开互联网首诊、赋予其合法性的最大好处是各种传播渠道可以广而告之，迅速扩大互联网医疗的使用人群，将前述"安全有效增加医疗供给、降低交叉传染风险"的功效发挥到最大。对处于防疫薄弱环节的中小城市和农村地区，这个政策的效果尤为显著。

对于互联网首诊风险是否超过线下面诊，不同医生说法有所不同，态度也有所不同，并没有整齐划一的看法。如果不同医疗服务网上诊疗风险不同，将网上首诊的决定权交给监管部门还是交给医生更好？坦率讲，还是交给医生更好。医生是一个高度谨慎的职业群体，在职业规范和电子实名认证双重约束下，无处遁行的医生若判断网上首诊风险过大，自然会要求患者线下首诊，有把握、风险不大的情况下才会选择网上首诊。

借鉴其他国家的相关政策，答案会更为清晰。众所周知，美国是全球对医疗服务质量和安全要求最高的国家之一。我们查阅了美国相关法律，美国所有州都承认互联网首诊，其中 11 个州对互联网首诊和线下面对面首诊一视同仁。其他各州也立法认可互联网首诊，但是附加了相关条件。比如，得克萨斯州的附加条件如下：

（1）医患双方通过互联网进行视频实时交流互动；

（2）即便没有视频实时交流，医生通过互联网（存储转发功能）查阅患者提供的临床影像资料、视频资料和病历，也可以建立首诊关系；

（3）医生通过任何其他形式的视频通信技术实现的首次诊断，只要这种技术能够保证医生诊断符合合适的诊疗标准。

承认互联网首诊，不仅是赋予这种诊疗活动合法性，更在于承认互联网首诊等同于线下首诊，因此和传统面诊一样纳入医保支付。

纳入医保支付需要一定的技术手段和行政措施，在首要任务是防范疫情的当下，可以在承认互联网首诊合法性的同时，承认互联网医疗收费的合法性，同时要求互联网医疗平台全程记录并保证诊疗信息完全可回溯，这是互联网技术的基本特征，没有任何技术困难。

这是目前及时安全有效增加医疗供给、降低交叉传染风险、政府能够迅速采取的有效措施之一。

保障生产要素供给，提振消费市场需求，打赢电子信息产业抗疫经济保卫战

周子学

中国电子信息行业联合会副会长兼秘书长，中国半导体行业协会理事长，中芯国际集成电路制造有限公司董事长，江苏长电科技股份有限公司董事长。曾任工业和信息化部总经济师、财务司司长。

新冠肺炎疫情的爆发打搅了 14 亿中国人春节喜庆的气氛，幸而在党中央和政府的坚强领导下，各项疫情防控措施果断有力，疫情终于得以控制。作为一名企业家，我对尽快恢复正常生产生活秩序充满信心。然而，持续数月的疫情对中国乃至世界经济的冲击已经发生，在疫情防控进入人民战争、总体战、阻击战的同时，有必要思考如何打赢一场经济保卫战。为此，我从电子信息产业的角度作简要分析和建议。

一、疫情影响分析

疫情对电子信息产业的冲击主要体现在两个方面。

1. 需求侧：国内消费市场需求不足

疫情高峰正处春节假期，电子信息产业链本已积极备货，迎战消费小高峰，未料疫情突发，老百姓居家不出，商场歇业，需求低迷。消费需求的大幅下滑造成短期库存攀升，不利影响正逐步传导至上游企业，冲击全产业链。

国内市场需求的低迷也将影响海外企业，行业内知名企业、咨询机构纷纷下调第一季度经济增长预期。

2. 供给侧：生产要素供给不畅，全球供给不足

中国已是名副其实的"世界工厂"，生产了全球 75% 的手机、90% 的笔记本电脑等。电子信息产业更新迭代快，5G 推出以来，国际市场回暖，大量新产品推出、备货，产能已是紧张。此次疫情雪上加霜，给国内生产企业带来员工返岗难、物料运输难等诸多困难，春节后产能恢复速度大幅逊于往年同期。

电子信息产业供应链长、国际化程度高，一家企业的延迟复工将影响下游企业，加上物流不畅，全球产业链的供给都受影响。美国苹果公司便宣布，因疫情影响，备货不足，无法完成原定第一季度营收目标。亦有媒体报道，疫情期间，越南的三星手机组装厂因来自中国的零组件供应困难，濒临生产危机。

二、政策建议

1. 保障物流畅通

电子信息产业分工复杂，产业链对跨省、跨国物流的需

求高。落实疫情防控、加强对人流管控的同时，应设法将对物流的影响降至最低。

个别地方政府向重点企业发放"重点保障运输许可"的做法一定程度上缓解了物流困难。建议推广类似做法，覆盖更多企业，加强对基层的督导，全面畅通物流。

2. 协调跨省务工的劳动力有序返岗

沿海地区劳动密集型生产企业大量用工来自中西部地区，疫情期间人员管控，劳动力"出不了村"，造成沿海地区亟须恢复生产的企业人员不足。

建议跨省协调劳动力输出和输入的主要地区，组织中西部地区劳动力有序回到沿海地区的生产岗位。具体来说，可以通过开设直达专列等形式，组织点对点流动，减少人员接触，在保障疫情防控任务落实的同时，尽快恢复有序生产。

3. 工业园区建立医疗防疫物资及其生产设备的应急储备

生产企业防控疫情过程中，实际面临的最大挑战是防疫物资不足。非常时期，防疫物资成为必备"生产要素"，缺一只口罩，足以耽误员工的正常返岗。

有新闻报道富士康紧急导入口罩生产线，日产百万只口罩，满足自身员工上班使用需求。这一举措通过创造条件，积极自救，保障了生产，然而，并非所有企业都具备富士康的规模和优势。因此，建议由政府出资和引导，在工业园区层面，建立医疗防疫物资及其生产设备的应急储备，联系园区内具备相关基础和能力的企业作为应急保障单位，必要时调动储备物资，搭建储备产能，为园区内所有企业的持续生产增强保障。

4. 加速 5G 基础设施建设步伐，提振需求

5G 及相关应用是未来数年电子信息产业发展的最关键增量。疫情一旦得到控制，加快 5G 基础设施建设步伐有助于加速恢复和提振电子信息产业需求，有助于加速经济恢复性增长。

5. 出台有力政策，帮助企业渡过难关，巩固企业家信心

电子信息产业竞争激烈，市场机会稍纵即逝，同时，电子信息产业尤其是制造领域资本密集，回报期长。部分企业刚刚倾尽全力投资于 5G 相关的新机会，就遭遇了疫情。即便企业长期发展趋势向好，数月的经营和现金流困难也足以压垮一家企业尤其是中小企业。

建议出台有力政策，例如减税降费、融资支持、招募和用工支持等，"扶一把"因疫情陷入困境的企业，鼓励它们坚定信心，投资产业新机遇，融入新兴产业链，耕耘市场，为电子信息产业和宏观经济的稳健增长做出贡献。

6. 强化社会慈善组织管理，使企业和员工放心捐赠

疫情牵动着全国人民的心。非常时期，后方的企业和员工希望通过捐赠表达对疫区人民和抗疫工作的支持。然而，媒体频频爆出"红十字会接受和分配捐赠款物工作失职失责"等新闻，严重削弱了大众对部分社会慈善组织的信任。

建议政府强化对社会慈善组织的管理，提供可信赖的渠道，确保捐款用于抗疫一线，在党中央和政府的坚强领导下，全国人民同心协力，抗击疫情、保卫经济，必胜！

顺应时代，发展室内经济

张耀辉

暨南大学创业学院院长，教授、博士生导师。出版有《产业创新的理论探索》《技术创新与产业组织演变》《产业组织与政府规制》等。在《中国社会科学》《中国工业经济》等权威学术期刊上发表论文百余篇。

从世界各国发生不同类型灾难趋势看，存在着传染疾病不断攀升的潜在危险。与经济快速发展的欧美不同，人口少、地域开阔的地区，即使是日本人口稠密国家，也因为地处纬度较高，并没有过多流行疾病传染的机会。但今天在人口众多的亚洲、非洲进入经济发展快车道以后，人口规模大、快速流动带来的传染性疾病爆发的风险随时都有可能发生。我们应该以这一前提思考未来的经济。

地球上人口过多，但人口多的地区往往比较贫困，由此世界面临着新经济发展模式的挑战，与此同时科技进步为人类转变经济方式提供了可能。特别是 5G 技术获得突破以后，会进一步推动终端和表达科技的发展，AR 和 VR 升级，将为新的经济形态提供技术支持，与需求形成互动。我们将未来经济模式定义为"室内经济"。

室内经济是与目前相对的一种经济形态，是基于非群集化、不需要过多的人流、只依赖于信息的经济形态，其物质基础——物流也有大量的机器代替，比如进入小区包裹由机器分配至快件箱，再由个人取走，无需配送员和快递员。人们在家里工作，以高速信息网络相互连接，家庭不仅是一个起居空间、教育空间、锻炼空间，也是一个工作空间。

这种经济的优势在于它将给人们带来更多的时间自由，将浪费在路上交通的时间与交叉感染的风险降到最低，减少交通压力，提高交通效率，降低出行交通事故风险，减少由集会带来的成本与风险。

这种生活工作方式在一些科技预测资料中已经给出答案，人们会因为存在上述社会成本的节约而必然做如此选择，而此次疫情更加反映了极端情形下对这种经济方式的需要。不仅面对疫情需要人们这样工作和生活，即使在正常经济状态，我们也必须考虑人口如此众多的国家和交通时间成本如此巨大的经济，应该调整经济模式了。

全球分工篇

新冠肺炎疫情对中国在全球
供应链中地位的影响及建议

黄卫平　　　中国人民大学经济学院让·莫内讲席
教授、博士生导师，世界经济研究中心
主任。

2019 年 12 月上旬开始，新冠肺炎在很短的时间内，从武汉向全国蔓延，对中国 2020 年第一季度经济活动造成了极大冲击。目前全国发挥体制优势，集中力量，争取在最短时间内遏制疫情，恢复全国经济正常运行，为完成 2020 年社会经济发展任务作出努力。

笔者判断，从中国经济结构趋势性变化分析，恢复此次疫情造成的损失，需要一定的时间。三次产业中，第一产业受疫情冲击总体较为有限，但存在对农资、饲料的供给冲击（停工、停产、停运）和对农产品的需求（运输不畅）冲击；

第二产业主要是供给冲击（停工、停产、停运）；第三产业则是需求冲击（自我隔离使消费短期急剧下滑）。情况不同，应对也会各异，目前的复工复产已经使情况发生了趋势性转变。另外从中长期看，中国经济 2020—2022 年在新经济周期中形成平稳底部，继而延续中速增长的趋势不会因疫情冲击而发生根本性逆转。

笔者认为，科学评估疫情对中国在世界供应链中地位的冲击，尽快恢复中国对世界供应链正常运行的支撑，这不仅应该是当前复工的重中之重，而且对中国经济未来的发展，也有着极为重要的意义。

从理论上讲，伴随着经济全球化格局的演进，产业不再是封闭型的组织系统，而成为包容性和扩展性很强的平台，生产的不同阶段被信息数据有序联动，通过产业链中核心企业进行整合，即整合研发、市场、生产、融资、运资、商业模式的全过程，围绕着资金流和物流，将产品或服务生产出来并传导到最终消费者手中。这些在生产链上的核心企业，掌握着上下游用户和数据资源，承载着整合各种资源的功能，同生产链上不同阶段的供给者一起分担责任、分享成果，组成生产的全体系，按各自在供应链上的贡献分享回报。与此同时，当供应链出现问题时，短期要进行修复，长期则必须寻找替代者，完成生产体系的自我修复或重新整合，保证供应链顺畅和生产链、价值链的完整。

这次疫情的冲击，验证了上述理论。由于停工、停产、停运，以及国际贸易中因疫情而产生的种种不利因素，国内外的供应链运行的顺畅面临着考验。受疫情影响，部分中国企业停产、停工、停运，一些国家和地区对人员流动限制，已经显现出部分跨国企业的全球运营受到影响，这种影响通过全球价值链部分传导到了制造业的上下游环节，供应链订单转到其他供应国，要知道全球对于中国电子、电器零部件的依存度达到了令人难以置信的30%。另外，疫情也冲击着在华跨国公司投资及生产订单计划，影响着它们今后供应链布局。如果疫情短期内无法遏制，可能会危及投资者信心，对未来跨国投资决策产生较大影响。

从媒体得到的信息，疫情已经使得包括韩国、日本、印度等一些车企开始制定停产或寻找新供应商的计划。韩国现代汽车宣布，由于疫情爆发导致零部件供应中断，该公司暂停在其最大制造基地韩国的生产，起亚汽车公司也宣布了同样情况的发生。另外疫情导致中国工厂减少进口机械、零部件和原材料的订单，减少从韩国进口电脑芯片，减少从德国和意大利进口工厂设备，供应商也正努力寻找新的市场。从这些情况看，疫情对短期供应链修复和长期供应链的布局均有着不容忽视的影响。尽管转移供应链并不容易，然而一旦供应链转移出去，短时期内是很难再转移回来的，失而复得很困难。需要注意的是，将供应链彻底转移出中国，打乱中国制造2025的步调，的确是世界上某些人的真心企盼，因此维系、发展、提升中国在世界供应链中的地位，意义重大，我们不能掉以轻心。

为此，笔者建议：

首先，迅速全面复工复产，恢复物流是当务之急。一般而言，生产的上下游产业链至少要达到 60% 以上的复工率，核心企业带头动起来，整个产业才能转起来，因此要注重全产业链的整体复工。同时积极恢复外贸顺利进行，避免造成客户流失，供应链订单转到其他供应国。

其次，维护现有的供应链，积极引入利益共享为核心的"合伙人"式的价值链体系和相应制约，将越来越多链上企业导入这种合伙人供应链的链管模式。强化东亚产业链命运共同体，并以"一带一路"为纽带推动亚欧产业链的新合作，构造新的价值链。

再次，抓住危机共生并存的机会加快转型。中国经济结构调整的方向就是发展新兴产业逐步替代传统产业，动能切换初见成效可以理解为新兴产业的增量规模能够弥补传统产业下滑的幅度。目前中国在产业链中的趋势是高技术制造业比重上升、中技术制造业比重下降、低技术制造业比重基本保持不变，因此抓住全球价值链动态分工的机会，逐步向重要的中间品生产和高技术制造品组装转变，向供应链两端展开是中国企业的必由之路。

另外，在面对新技术革命发展、欧美等国寻求制造业回归等因素时，积极培育中国企业在生产链、供应链和价值链上的总体切入和整合能力，协调好供应链的国内外生产互补，提升对全生产链各个环节的软（信息）、硬（生产）环节的掌控，以及融资、运资的能力，形成对价值链可持续发展的多维影响。例如在大型企业建立以价值链数据智能化为核心的转型，形成覆盖"研产资、供销服"全价值链的智能化技术和管理体系，以适应内部条件和外部环境的变化。

最后，从宏观经济政策方面，在稳中求进的基点上，实施积极的财政政策、稳健的货币政策维护中国经济平稳发展是根本。在当前的情况下，中国政府已经适当减、免、缓企业税收和社会保障费用，还可以通过扩大财政赤字（例如可以暂时突破3%的惯常做法），适当加大基建投资力度（中国人均基础设施存量资本只是发达国家的1/3左右），尤其是提升中国经济增长极、核心城市圈的基础设施水平，增加对智慧城市建设、交通运输、教育、医疗、研发等行业的投资，这对提升中国高质量制造业的竞争力和增长率，稳定中国在世界供应链中的地位，是非常重要的。

应对全球化分工局部失调，打赢供应链攻防战中的不对称战

林雪萍　　　全球产业观察家，北京联讯动力咨询公司总经理，南山工业书院发起人。长期研究国际工业体系、工业转型升级和制造创新。

一、全球化风险被指向"超级工厂"，中国制造供应链面临攻防战

新冠肺炎疫情暴露了全球化分工的一种脆弱性。整个分工有序的格局，会因为一个突然事件而将整个世界带入混乱。全球化分工所形成的供应链，以节点形式分布在世界各地，但是，供应链并非一个链条，而是呈现辐射形的网状分布。这其中，作为中枢节点的中国，已经成为"超级工厂"，并逐渐被一些西方发达国家视为一种令人不安的"超级力量"。

在 2018 年全球制造业增加值中，中国占比达到 28%，是

世界第一位，已成为世界供应链的中心，大量间接产品从这里出发。美国总统特朗普一直不遗余力地挤压中国制造供应链的中枢位置，迫使它外溢。这种投射在"超级工厂"上的"特朗普阴影"，会让跨国企业的董事会不得不考虑未来不确定性的代价。外企在中国评估供应链时，很难不注意到这个风险。

中国供应链已经形成了独具特色的深网结构，漫长的产业链条在这里留有多个不同的节点。但中美贸易战打乱了一个复杂的全球供应链的运行体系，此次疫情会进一步唤醒企业家在全球布局工厂的意识。一旦转化成集体性行动，从未来 3～5 年来看，对中国具有护城河效应的供应链结网效应，可能会被撕裂。

此时，中国需要将多年积累的制造供应链当作一种战略资产，采用"供应链攻防战"的思路应对全球化分工的新特征。

二、中国制造供应链攻防战是一场持久战

美国政府已经在三个战场上，对中国采取了极端的措施：

（1）贸易战一直是影响力面大量广的主战场，对此中美双方进行了艰巨的边打边谈。这是一种对称战的战法，虽然两国进出口金额并不相同，但双方的损失按照接近对等的原则进行计算。

（2）学术封锁战。美国主导的"学术恐怖"已经对中美两国正常的学术交流产生巨大干扰。

（3）科技战，美国采用了一种非常特殊的定向清除中国优秀企业的不对称手段。以美国商务部的出口管制实体清单为基础，中国高科技明星如华为、大疆、海康威视等上百家企业都在被"断供"名单中。在这方面，中国吃尽了苦头，因为这是一种不对称的对战。

中国制造正处在迈向中高端价值链的关键时期，而全球化分工已经开始出现局部失调。值此非常之大变局，追求安全可控成为一种急切的呼声。但这种急切之下，也依然不能违背科学规律，不可抱有速战速决速胜之心。局部失调的不平衡局面，将会长期存在。中国要想突破以美国为代表的各种遏制防线，需要有一种持久战的战略布局。

三、中国制造供应链的策略：不对称战

中国的供应链攻防战，作为一种持久战，需要有多个层次。在亟须突破的领域，要采用更加灵活的进攻战。供应链不对称战，就是避免全链条启动国产替代工作，而是寻找技术或者产品的关键节点，举国之力，全力围剿，形成在单点上的绝对突破，用无法被绕开的"超级节点"，与全球供应链牢靠地焊接在一起。上下游都必须通过这个超级节点，从而形成一种反管制、反遏制的奇兵。

1. 寻找死结，寻找超级节点

供应链具有强烈的结网效应，有些网状节点是死扣，很难解开。工业巨头都想避免对单一供应商的依赖，但这一点其实很难做到。例如，看上去丰田有多个供应商，是多极供

应，但这多个供应商的上游供应商经过长长短短的供应链之后，又回到了对同一家汽车电子企业的依赖。这就是超级节点的力量。

荷兰阿斯麦的深紫外光刻机决定了芯片加工的能力。全球最大的晶圆加工厂都会持有阿斯麦的股份，利益相互焊接在一起。然而阿斯麦再厉害，它的镜头也必须依赖德国蔡司。为此，阿斯麦也持有蔡司的股份。这是一种相互嵌入、相互忌惮的供应链格局。这就是一种不对称供应链的策略。

2. 持久战下系统性布局，选择不对称战的突破口

安全可控，不是要走向全面自主。这一点，与全球化分工背道而驰。重要的是，在很多关键领域，中国并不具备全面挑战的能力。例如，华为设计必不可少的一种软件——EDA 基本都是美国的。就国产软件商而言，5 ～ 10 年内估计都无法追赶。全球最大的 EDA 软件公司，每年投入研发费用大约为 60 亿元；而中国最大的 EDA 公司，年收入还不到2 亿元。在国家扶持国产 EDA 软件时，最大的错觉就是希望国内龙头企业迎头赶上，像国外一样做全流程工具。这种做法几乎是以卵击石。唯一可能的就是寻找其中的破绽，例如，抓住 5G、AI 芯片的新设计突破，找出不对称的极点进行集中围剿，真正成为供应链的一个超级节点。大家相互卡住脖子，形成一种不稳定的平衡，中国才有胜算。

中国现在正在大力建设各种晶圆生产线，然而这些大干快上的赶超行为，都存在着同一种系统性危险。需要仔细做出全局系统性风险的分析，用战争的眼光，分析各个投资在

供应链中的位置。不能每个地方政府、每个企业，都担负同样的全线进军产业链的使命，这是一种对全球化分工局势的误判。

国家安全战略与商业化运行，这两者在很多时候其实是矛盾的。安全可以不惜代价，商业化却首先需要经济性。如何实现两者的交集，从全球供应链不对称战入手，对于处于追赶的中国，是一个比较务实的策略。对于中国科技巨头的围剿，美国也在采取不对称的作战方式。由于彼此都会受伤，美国会选择对己影响最小、对彼创伤最大的方式。这就是为什么美国会"举国之力"集中火力只围攻华为一家，而不会同时如此力度打压其他中国优秀科技企业。然而，如果华为倒下了，其他企业恐怕都得"跪"着生。这跟贸易战是完全不同的战斗理念。

这是中国供应链的进攻战，需要选择对方合适的七寸，进行不对称战。这样既能符合全球化分工的大潮流，又能确保国家安全的需要。

四、小结

中国在成为"世界工厂"的赞誉中发展，又在成为"超级工厂"的恐惧中受阻。中国制造需要引入"供应链攻防战"的系统工程视角，认清供应链的全球布局的超级节点，采用不对称战略，方能夯实中国超级工厂的位置，稳步走向工业强国。

新冠肺炎疫情对经济全球化的可能影响和政策建议

冯耀祥　　　中国国际贸易促进委员会贸易投资促进部部长。曾任中国国际贸易促进委员会发展研究部部长。

中国是经济全球化的最大受益者之一，通过参与经济全球化，发挥比较优势，成为全球工厂和全球市场，创造了世所罕见的经济快速发展奇迹。

2019 年 12 月以来，新冠肺炎疫情爆发，并在世界各国蔓延，其对中国乃至世界经济都造成影响。一方面，新冠肺炎跨境传播，使世界各国更加深刻地认识到彼此利益息息相关，共同采取行动防控疫情，为经济全球化注入正能量。另一方面，经济全球化已经进入阶段性调整期，主要发达国家在全球经济合作方面的意愿下降，个别国家政府把自身问题归咎于经济全球化，新冠肺炎疫情对全球产业链、价值链产生的负面影响，可能为其反对经济全球化提供了新理由。

与此同时，新冠肺炎疫情将通过产业链、价值链调整，对经济全球化进程和格局产生潜在影响。

一是拉低世界经济增速。中国劳动密集型制造业和服务业受到比较严重的冲击，如果能像 2003 年抗击非典那样在两三个月内完全控制疫情，预计疫情拉低中国 2020 年第一季度经济增速 1 ～ 1.5 个百分点，拉低全年经济增速 0.5 个百分点。2003 年非典疫情拉低世界经济增速 0.1 个百分点。2003 年中国占全球经济产出的 4.3%，2019 年则占 16.3%，因而新冠肺炎疫情可能拉低世界经济增速 0.2 ～ 0.3 个百分点。再加上疫情的全球蔓延，影响更大。现在，中国是 120 多个国家和地区的最大贸易伙伴，对中国出口依赖度较高的国家，经济增长都将受到不同程度的影响，可能影响其参与经济全球化的意愿和能力。

二是影响国际贸易格局。2003 年，全球供应缺口较大，在非典疫情结束后中国廉价商品得以迅速抢占国际市场。现在，无论是中国还是其他主要经济体，都面临市场饱和的问题。受新冠肺炎疫情影响，中国大量工厂延迟复工，原定生产计划不能执行，一些国际订单不能及时履行。如果疫情持续时间长，原有贸易客商将转向从其他国家进口，从而使中国出口受到更大影响，国际贸易格局发生变化。事实上，在世卫组织 1 月 30 日宣布中国新冠肺炎疫情构成国际关注的突发卫生事件以来，已经有国家禁止中国农产品入境。另外，由于中国是石油等大宗商品消费市场，疫情将加剧大宗商品国际市场竞争。

三是调整国际投资格局。中国企业受疫情影响而减少生产甚至停工，加上企业盈利下降、预期改变等因素，必然造成下一阶段新投资减少。湖北、江苏、广东等是对全球供应链至关重要的科技制造中心，一些关键企业延后生产，在全球范围内产生多米诺骨牌效应。2月4日，韩国现代汽车就宣布，由于疫情爆发导致零部件供应中断，该公司将暂停在其最大制造基地韩国的生产。一些跨国公司在撤出外籍员工、等待复工的同时，难免会重新考虑其全球战略布局，实现生产基地多元化。美国智库米尔肯研究所亚洲研究员柯蒂斯·钦认为："此次疫情的爆发已向美国以及所有中国的贸易和投资伙伴强调了远离中国进行多元化布局的价值。"中美贸易战已经致使一些跨国公司通过将生产转移到其他国家来避免美国关税壁垒，新冠肺炎疫情很可能加速这种趋势。

四是推进新技术应用。新冠肺炎疫情阻滞了人员流动，但也带动了线上经济发展，特别是电商、手游、线上教育、短视频等行业都获得了难得的发展机遇。巨大市场需求将有力促进互联网、大数据等新技术广泛应用和新经济快速发展。疫情也为绿色环保、垃圾处理、空气净化、物流配送等产业升级提供了新的动力。这都将推动5G、AR、VR、机器人、无人机、互联网技术加速发展和在全球范围内加快传播。

总体来看，虽然经济全球化是不可逆转的历史潮流，但是疫情会改变经济全球化格局以及中国在经济全球化进程中的角色。对此，提出以下建议：

一是进一步加强国际合作，共同应对疫情。共享数据和信息，加强在揭示病毒秘密、研究防治药物和技术等方面的国际协作，尽可能早地控制和消灭疫情。增进国际政策协调，促使一些国家取消对中国人员、商品进出境不必要的限制措施。坚持内紧外松，出台防疫政策实施细则，在做好防控工作的同时加快复工。积极开展舆论宣传，增强国际社会信心，避免"中国威胁论"沉渣泛起。

二是加快推进产业转型升级，提升在全球价值链中的地位。中国已经连续 10 年经济增速下行，大部分传统产业已经处于供给老化阶段。疫情促使中国产业调整，可以顺势而为，积极支持智能制造业、5G、人工智能、机器人、物流技术、康养产业等发展，推进智慧城市建设，大力发展跨境电商，进而形成全方位科技创新实力，调整产业链，增强国际竞争力。继续优化营商环境，在为受疫情影响企业提供援助过程中对跨国公司一视同仁，为跨国公司提供优质服务。

三是大力推进"一带一路"建设，增强抗风险能力。扩大对外投资是中国优化经济结构、推进经济全球化的必然要求，是推进共建"一带一路"、构建全面开放新格局的重要依托。此次疫情提示中国应进一步合理布局产业链，在促进产业向中西部地区转移的同时，加强与东盟、西亚、非洲、拉美等地区国家的产能合作，增强在国际产业链中的引导力。进一步加快投资协定谈判，为企业对外投资创造有利的外部环境。着力扶持有实力的企业跨国经营和优化全球布局，提升全球整合资源能力。

四是积极发挥引领作用，推动新型经济全球化。坚持共商、共建、共享的全球治理观，推进人类命运共同体建设，占据经济全球化的道义制高点。进一步增强引领商品、资本、信息、人才等全球流动的能力，更深入地参与全球经济、贸易、投资、金融规则制定和全球经济治理体系变革，努力提升发展中国家在经济全球化中的影响力，不断强化制度性话语权。

全球化步入调整阶段的中国策略

洪俊杰

对外经济贸易大学教授，国际经济贸易学院院长，经济学部部长，校学术委员会副主任委员。教育部"长江学者"特聘教授，国家"万人计划"领军人才、首批青年拔尖人才，中宣部文化名家暨"四个一批"人才，国家社科基金重大项目首席专家，国务院政府特殊津贴专家。兼任教育部高等学校经济与贸易类教学指导委员会秘书长，商务部经贸政策咨询委员会对外贸易专家，全国高校国际贸易学科协作组副秘书长。

世界大体上经历过三次全球化浪潮。在前两次浪潮中，我国或被坚船利炮打开国门，或因复杂的国内外环境错失良机，改革开放让我们抓住了第三次全球化发展的历史机遇，在融入全球经济贸易体系的同时得到迅速发展，至今已连续多年成为世界第一大货物贸易国，在全球价值链中居于核心枢纽地位。当前，全球正处于百年未有之大变局，最近的新冠肺炎疫情爆发并在全球快速蔓延，叠加中美贸易摩擦、世贸组织上诉机构停摆等多重不利因素，国际形势愈发扑朔迷离，全球化发展不确定性陡增。当前是否依然处于全球化的第三次浪潮，还是到了一个新的调整蓄势阶段？在这一阶段我们应该做好什么准备？下一步全球化会如何发展，以及中国应该在其中扮演什么角色？这里就这些重大问题做一个初探，供决策者参考。

第三次全球化浪潮的主要推动力是全球价值链贸易的发展，基础是生产的分割和全球布局。从成本效益视角看，当前产品分割已经接近极大化，国际分工深化基本进入尾声。2000年之后全球化快速发展的另一主要推动力是中国加入世贸组织，现在不可能再找到这样一个有巨大潜力的经济体融入世界经贸体系。2019年美国挑起的中美贸易争端进一步恶化了全球经贸前景，上诉机构停摆导致世贸组织改革严重受挫，自由贸易体系遭受重大打击。当前我国正处于新冠肺炎疫情防控的关键时期，国内的防控已经取得积极进展，但疫情在韩国、日本、意大利、伊朗等多个国家迅速蔓延，各国会进一步加强国际人员交流管控措施，令全球化雪上加霜。不论是从国际贸易、跨境投资、全球价值链等的数据分析，还是全球化赖以存在的社会文化基础透视，抑或是人类社会全球化发展的长周期来看，第三次全球化浪潮已经基本结束，当前正进入全球化的调整阶段。

全球化发展受挫既有周期性因素，也因为没有解决好以下三个重大问题：

首先是失衡问题。第三次全球化浪潮以来，全球贸易失衡问题严重，2008 年金融危机后依然处于高位，这妨碍了全球化参与方内部经济持续健康发展，激化了贸易伙伴之间的摩擦和矛盾。

其次，全球化也在一定程度上加剧了国家内部的收入不平等。发达国家中低收入阶层受损，在内部贸易补偿和救济机制极不完善的情况下，他们成为反全球化的主要力量。

最后是规则缺位。当前的国际经贸规则虽然在历史上发挥过重大作用且依然在发挥重要作用，但不可否认面临效率低下和规则落后双重问题，亟须改革以提高效率并积极反映当前国际贸易的最新发展，构建更加公平合理、现代化的规则体系。

这轮调整期会持续相当长一段时间，保守估计至少需要十年左右。在调整期，各方面因素交叉影响、错综复杂，给全球经济贸易带来很大的不确定性。在当前，国际社会应致力于携手解决上述三大问题，构建一个国家间利益大体平衡、国内贸易补偿机制基本健全、国际治理体系更趋完善的全球经贸体系。同时，调整期结束的另一个前提是中美这全球前两大经济体的贸易摩擦结局基本明朗，为全球化新发展奠定政治基础。

我们很高兴地看到，当前一些积极因素也在逐步累积，将成为下一轮全球化的重要推动力。有两点值得特别关注：

首先是数字经济贸易的发展。当前，全球数字经济贸易尚处于初级阶段，以跨境电子商务、数字产品贸易等为主要表现形式。未来在新技术、新产业和新模式的进一步推动下，数字经济贸易将向更广更深领域发展，成为高质量贸易的重要表现形式。

其次是新一代技术革命。当前以人工智能和机器人、大数据、5G、智能制造、量子通讯和计算等技术为代表的新一代技术革命正在蓄势待发，一旦取得整体突破将会深刻影响经济社会的方方面面。人类历史上每一次工业革命都会带来国际格局的重大变化和重心的转移，这一次相信也不例外。第四次工业革命何时到来，将如何影响国际经贸和全球格局，中国应当做哪些准备、如何扮演更好角色，这是我们当前应当关注并深入研究的重大问题之一。

为在下一轮全球化中占据有利位置，我国宜采取"内外兼修、全面布局、技术引领、风险管控"十六字方针。

首先，外修良好的国际发展环境，积极参与经贸规则重构，包括世贸组织改革等重大事宜。应继续完善我国高标准自由贸易区网络，尤其是尽快完成 RCEP（区域全面经济伙伴关系）落地，着力推动中日韩自贸区，积极考虑加入 CPTPP（全面与进步跨太平洋伙伴关系协定）。高质量推进"一带一路"建设，全方位加强互联互通，打造国际经贸合作的新标杆。

其次，内修国际一流的国家竞争力，包括在宏观、中观、微观三个方面全方位布局。

（1）宏观层面，结合我国的改革发展目标继续稳步扩大对外开放，开放政策的导向宜由特区优惠式开放转向竞争中性式开放，通过改革激发各类型主体的活力、动力和创造力。

（2）中观层面，应在进一步嵌入发达国家主导的全球价值链的同时，积极打造我国引领的有竞争力的全球价值链，关注价值链的弹性和抗风险能力，可以在我国具备比较优势的行业和"一带一路"沿线国家先行布局。

（3）微观层面，政策导向应拨雾看花，聚焦在打造有国际一流竞争力的中国跨国公司这个点上，为国家竞争力提升奠定坚实的微观基础。核心技术引领是能否在新一轮工业革命中抢占先机的关键，高层次人才和团队是重点，体制机制创新是保障。依托我国制度优势、人才优势和市场优势尽快补齐核心技术短板，实现从跟跑向并跑、领跑转型。

调整期也是国际风险快速积聚期，中美经贸摩擦、新冠肺炎疫情等都是例证，因此要构建风险管控体系，尽快完善我国国家安全体系。

新冠肺炎疫情对我国贸易的
影响及政策建议

唐方成

北京化工大学经济管理学院院长，教授、博士生导师。主要研究方向：组织行为与人力资源管理，平台战略与创新生态系统等。

新冠肺炎疫情在短期内对我国进出口贸易产生了较为严重的冲击。我国作为贸易第一大国，对全球贸易发展具有举足轻重的影响。世界贸易组织（WTO）发布的《全球商品贸易晴雨表》（2020年第1期）报告显示，2020年第一季度全球贸易趋势实时测量读数为95.5，其中集装箱航运指数（94.5）、航空货运指数（94.6）、电子零件指数（92.8）、农业原材料指数（90.9）均低于基准水平（100），全球商品贸易增长呈现疲弱走势。在新冠肺炎疫情影响下，各项贸易指数将会进一步下跌，全球贸易前景可能持续疲弱。但从长期来看，我国贸易仍存在较为强劲的内生发展动力，贸易竞争优势客观存在，长期向好的趋势不会改变。

一、新冠肺炎疫情对我国贸易的影响

新冠肺炎疫情在短期内对我国服务贸易产生了较大冲击，尤其是旅游服务贸易和运输服务贸易等产业。国家外汇管理局公布的数据显示，2020 年 1 月，我国服务贸易总额比 2019 年同比下跌 14%，其中旅游服务贸易和运输服务贸易分别存在 1 269 亿元和 319 亿元逆差。目前，国际上已有许多航空公司宣布取消中国航线或削减航班次数，我国跨境旅游行业基本处于停滞状态。在运输服务贸易行业，许多国家实行严格的检疫措施，国际运输行业物流不畅、装载率偏低、目的地挂靠难度增加等问题凸显，多家班轮公司和航空公司对涉及东南亚的许多航线和国内港口采取停航、"跳港"、班期调整等措施，对我国运输服务贸易造成明显的负向冲击。但疫情期间，软件服务、跨境支付等服务贸易额反而大幅增长。

新冠肺炎疫情冲击了我国货物进口贸易，但影响总体较小。受疫情影响，短期内我国的生产和消费需求均明显减弱，进口贸易企业复工生产延迟导致对进口原材料和中间品的需求降低，大宗商品、工业机械、电子设备等产品的进口规模出现下降。但我国进口也存在一些有利条件：一方面，由于疫情防控需要，我国增加了对医疗产品和相关紧缺物资的进口；另一方面，根据中美第一阶段贸易协定，我国两年之内将从美国增加进口 1 000 亿美元的食品和农产品等。

新冠肺炎疫情对我国货物出口贸易的负向影响高于进口。货物出口需要受到物流、装运、检验检疫、报关等诸多环节的考验。受到疫情的影响，人员流动受阻，企业返工延迟，即使复工，企业也通常面临着防护物资紧缺和原材料库存不足等问题，部分企业可能还面临着进口原材料或中间品缺位问题，生产配套体系被打乱，生产周期也将拉长。同时，由于交通物流限制，物流成本高昂，商品的发货、检验、跨国运输均需要更长的周期。此外，随着新冠肺炎疫情在全球的蔓延，外部市场需求出现阶段性减弱。此外，若已签订合同而商品不能按时交货，出口商将面临较高的违约风险和高昂的违约索赔。

新冠肺炎疫情影响我国的全球供应链地位，并可能诱发新型贸易壁垒。我国是全球供应链的重要组成部分，供业链的某一环节受阻，将导致整个下游企业停止运转。目前，新冠肺炎疫情已严重影响了汽车制造、医药与电子行业。如果疫情持续时间长，客户把采购转移到其他国家和地区，将会加速外贸订单流失，严重冲击我国在全球供应链的地位。此外，新冠肺炎疫情发生以来，国际部分新闻媒体进行负面报道，这可能让"中国威胁论"抬头。国外企业和消费者会担忧来自中国商品的安全问题，将会强化对中国出口商品的检验检疫，或要求中国出口的货物具备无"新型冠状病毒"证明书。新冠肺炎疫情可能引起国际恐慌，如果世界各国广泛对中国出口商品设限，有可能成为中国出口商品面临的新型贸易壁垒。

二、我国贸易发展的应对措施

为了有效消减疫情对我国贸易的短期冲击，亟须科学评估疫情对贸易的影响，系统梳理疫情可能导致的外贸薄弱环节和风险点，统筹协调财政、金融、保险、法律等方面的稳定外贸政策，发挥各种政策的协同效应，减缓疫情对我国贸易的负面影响。具体提出以下政策建议：

第一，加强财税支持力度。对于进口防护物资的外贸企业，给予国内外物流部分财务成本支持。对于受疫情影响严重的贸易行业，采取部分减免行政事业性费用、合理调整税收、短期贷款贴息、延期缴纳税款和社会保险等政策。对于有规模、有增长、有潜力的外贸企业，充分发挥国家和省级相关专项资金的引导作用，鼓励企业多渠道开拓多元化国际市场。相关部门应努力提高出口退税政策的审批速度，足额实现出口退税，为外贸企业复工复产夯实基础。

第二，加强金融支持力度。鼓励金融机构主动倾听外贸企业面临的问题和困难，了解外贸企业的金融需求，及时提供精准有效的指导和帮助。扩大外贸信贷投放，满足贸易融资需求，对有市场、有订单的企业实现应贷尽贷，确保履约。对于参与疫情防控的外贸企业，依法优化、简化审批流程，优先给予信贷支持，全面降低企业的融资成本。对于受疫情影响严重的贸易行业，设立新冠肺炎疫情专项基金，鼓励政策性银行为重点贸易企业发放专项项目贷款。对部分到期还款困难的企业，可予以展期或续贷，合理延长还款期限，切实做到不抽贷、不断贷、不压贷。

第三，充分发挥出口信用保险的作用。应充分利用出口信用保险帮助企业应对取消订单、拒收拒付、拖欠货款等收汇风险，有效保障出口收汇落实。开辟理赔服务绿色通道，在贸易真实的情况下适当放宽理赔条件，做到应赔尽赔、能赔快赔。扩大出口信用短期保险的覆盖面，合理调整降低费率，兼顾外贸发展大局，提高通过保单获得银行融资的支持力度。

第四，积极开展外贸法律服务。加强对国外贸易壁垒等相关信息的收集和发布工作，积极开展预警和帮扶。为疫情期间企业存量订单面临的违约和纠纷提供多渠道、多形式的咨询服务，对疫情导致的国际贸易合同无法履行等问题提供法律服务，支持外贸企业通过商事调解、商事仲裁等方式维护自身权益。

第五，促进知识密集型服务贸易发展。创新管理机制，充分运用新时代信息技术，重点支持医药研发服务、远程办公、在线教育、网络营销、电子商务平台服务、工业软件等业务加快发展，鼓励各级财政、服务贸易创新发展引导基金、金融机构、其他社会资金加大对上述业务及相关企业的奖励支持。优化网络营商环境，鼓励传统外贸企业和生产型企业开展跨境电商业务，增加企业与知名跨境电商平台或服务商合作的费用支持，支持企业开展跨境电商零售进出口、保税仓建设，提高企业线上开拓国际市场的能力。

第六，在国家层面加强与国际社会的沟通协调。要全面启动强有力的外交，积极呼吁世贸组织成员科学理性看待疫情的影响，不采取过度的贸易限制措施，逐步解除对往来中国的国际运输工具及人员的入境管制。积极推动政府、外贸企业与境外客户的协商、沟通和交流，以积极的态度和透明的信息获取谅解，对可能造成的订单延期进行合理协商。在疫情得到有效控制后，积极推动中外两国间的技术交流与合作，促进旅游服务贸易和运输服务贸易便利化发展。

新冠肺炎疫情下 2020 年中国对外贸易前景分析

盛　斌　　　　南开大学杰出教授，人文社会科学研究部部长，经济学院院长，中国 APEC 研究院院长。国家"万人计划"哲学社会科学领军人才，教育部"长江学者"特聘教授，入选国家"百千万人才工程"，国家有突出贡献中青年专家，中宣部文化名家暨"四个一批"人才，国务院学位委员会学科评议组委员，国务院政府特殊津贴专家。主要研究领域：世界经济，国际贸易，国际政治经济学。

中国自 2001 年加入 WTO 以来，积极融入全球价值链与多边贸易体系，对外贸易增长迅速。至 2019 年末，中国出口和进口贸易占全球的份额分别为 11.7% 和 9.6%，列世界第二位，成为名副其实的贸易大国。2018 年 3 月美国特朗普政府动用"301 条款"以知识产权问题为由对中国进口商品加征惩罚性关税，从而挑起中美贸易战，中国对外贸易开始面临新的形势与挑战。2019 年底中国又爆发新冠肺炎疫情。而当中国的疫情得到一定有效控制之时，新冠肺炎却又在其他国家和地区开始加速蔓延。此次疫情叠加中美贸易战、中国经济增长放缓，对中国的经济与外贸形成了严峻的挑战。

一、新冠肺炎疫情对中国对外贸易的影响

一是外贸生产面临巨大压力。新冠肺炎疫情爆发以来，加上春节假期因素，企业受到疫情带来的诸多不利影响，包括人员流动受阻、交通物流不畅、防疫物资紧缺、原材料供应不及时等，导致停工停产，国内生产秩序和供应链受到较大程度的破坏。以中心疫区武汉市为例，三大支柱产业——光电子信息、汽车及零部件、生物医药行业均遭受巨大打击。作为中国"光谷"的心脏地带，全球约1/4的光缆光纤设备和中国最先进的芯片制造都在此生产。此外，外贸大省（广东、浙江、江苏及山东等）与劳动力输出大省（河南、安徽、四川、江西、湖南及重庆等）疫情也均比较严重，给全国外贸生产带来严重的负面冲击。目前，由于各地复工时间不统一，上游原材料和中间品无法保证供给，国内生产链还不能达到有效衔接，生产难以恢复到日常产能水平。

二是外贸供应链受冲击。2020年1月31日，世界卫生组织宣布新冠肺炎疫情构成"国际关注的突发公共卫生事件"。尽管世界卫生组织不建议其他国家采取旅游及贸易方面的限制措施，但仍有许多国家对中国采取人员入境管制、加强船舶停靠限制以及暂停进口部分中国商品，这对中国进出口贸易造成较大的全球供应链冲击。随着疫情在日韩等国家的扩

散，这些国家也纷纷采取了更加严格的隔离防控措施，使中国对外贸易面临更大的不确定性。

一方面，外国疫情的扩散将影响中国进口价值链上游的原材料、中间产品和关键设备，例如蒙古国已暂停向中国交付煤炭，智利和尼日利亚的铜矿公司已推迟或取消向中国发货。

另一方面，在国内需求尚未复苏的同时，疫情在海外的扩散（尤其是美国与欧洲疫情的发展变化）也影响对中国出口品的国际需求，这可以从 2020 年 1—2 月的中国出口集装箱运价指数（CCFI）的下降清晰地看出。

三是服务贸易经历寒冬。受新冠肺炎疫情影响，全球多个国家和地区对中国采取了严格的入境管制措施。部分外国航空公司相继宣布暂停或减少飞往中国的航线航班，跨境人员流动严重受阻。在此背景下，中国出境旅游、留学规模以及交通运输服务大幅下降，外国游客和商务访问来华规模也同时剧减。一些劳动力密集型的服务外包业在短期内也会受到一定影响。

二、新冠肺炎疫情下中国 2020 年的对外贸易前景

第一，新冠肺炎疫情将导致中国 2020 年第一季度进出口增速回落。目前许多地方虽已逐步有序复工，但都面临复工难、招人难、运输难、接单难、履约难等共性问题，同时还面临国际物流不畅、外国贸易壁垒增多等难题。由于前期的停产停工冲击以及短期内运力与运费激增的压力，产能的恢复将是一个逐步的过程。

第二，新冠肺炎疫情对外贸的影响从中期看是暂时性和阶段性的，主要取决于疫情持续的时间和范围。从目前情况看，各地外贸企业复工复产总体进度不断加快，出现积极向好的趋势，沿海省份的外贸企业的复工率已超过 70%。预计如果在 3 月疫情得到决定性的有效控制，它对中国 2020 年进出口及外贸供应链的冲击则较为有限。

第三，在中国解除疫情和国外疫情得到有效控制后，中国外贸增速有望显著反弹。中国是当今全球供应链的中心之一，这决定了世界对中国以及中国对世界的贸易依赖都非常高。疫情结束后，被积累压抑的产能、投资和消费需求将会快速释放，中国经济的动能将反弹，市场规模也会持续扩大，制造业出口与服务贸易将重新恢复生机。此外，在新冠肺炎疫情中，5G、人工智能、大数据、区块链、云计算等新兴技术得以应用，在线教育、在线医疗、在线办公等新业态得以快速发展，无人零售、无接触配送、标准化生鲜套餐等新模式层出不穷，在服务领域实现了线上线下有效融合。中国制造与服务贸易的出口数字化特征将进一步凸显，从而成为对外贸易发展的新引擎与新动力。

第四，根据疫情发展变化情况，中国可适时调整与其他国家的经贸关系。例如，中美第一阶段经贸协议的最后一个条款（第 7.6 条二）指出，"如因自然灾害或其他双方不可控的不可预料情况，导致一方延误，无法及时履行本协议的义务，双方应进行磋商"。考虑到目前疫情已经对中国经济产生了严重的不可抗力冲击，美方也为此启动了公共卫生紧急状态（说明承认了冲击的严重性和不可控性），同时美国的新冠肺炎疫情也发生了复杂不利的变化，因此中美双方可据此商讨推迟或暂缓在短期内增加对美国的进口采购。

第五，要做好由于疫情可能导致的对中国不利的中长期情景评估与应对。新冠肺炎疫情对全球供应链体系造成的冲击使跨国公司意识到供应链风险管理的重要性与紧迫性，特别是过度依赖或迷恋某个市场所带来的问题，因此跨国公司将有可能考虑进一步多元化其全球供应链。这将对中国形成产业链转移及分散的外溢负面冲击，因此，维护中国继续作为供应链中心的稳定地位和防止大规模的供应链重构是必须优先考虑的。

三、新冠肺炎疫情下的中国外贸政策建议

首先，在加强防护的前提下，尽快优先恢复出口行业的生产是当务之急。应设立严格的"绿区工厂"，对中国在全球供应链中占有重要地位且属于智能化、自动化程度高的出口行业，例如电子、机电、汽车、办公设备等行业，应尽快恢复生产与出口。服务贸易也应通过加速线上化技术创新扩大交易。

其次，政府要充分用好用足政策篮子以稳外贸、促外贸。要协调复工审核部门简化和加快办理手续，支持外贸、外资、商贸流通和电子商务企业有序复工复产。积极有序推进"一带一路"重大项目。加强对外贸企业的金融信贷、出口信用保险等政策支持。创新和优化招商引资与服务方式，稳住外

商外资。建立海外疫情应对快速反应机制，为境外中资企业做好权益保障和协调服务。

最后，外贸企业应继续加速数字化、智能化与绿色化转型，构建新的核心竞争力。把疫情压力变为动力，在人工智能、大数据、5G、3D 打印等前沿技术的推动下，提高生产效率与管理水平，并将供应链管理、风险管理与危机管理纳入现代生产决策与管理体系中来。

新冠肺炎疫情对我国外贸外资的影响分析及对策建议

霍建国　　　　研究员，博士生导师，国务院政府特殊津贴专家。曾任商务部国际贸易经济合作研究院院长，国家经贸委外经贸司副司长，商务部外贸司副司长。研究方向：世界经济和国际贸易。

　　重大的公共卫生突发事件必然会对我们正常的生产和生活产生重大影响，对经济增长和各行业的经济发展产生巨大冲击和影响。根据新冠肺炎疫情的发展态势和新的变化趋势，中央及时提出了一手抓疫情防控、一手抓复工生产的要求，以保证正常的经济发展和物资保障，确保取得这次疫情防控阻击战的全面胜利。此文仅对疫情对外贸和外资的影响做一粗浅分析，并力争提出有针对性的政策建议。

一、关于疫情对外贸进出口的影响分析

疫情的发生必然对我国进出口贸易产生负面影响，主要体现在以下方面：

一是可能造成大范围出口合同违约现象。从广东和浙江出口企业的安排看，大部分企业的春节假期都安排在正月十五后复工，即 2 月 10 日开工。由于受疫情防控的影响，多数企业均未能按时复工。根据浙江省公布的数据，按时复工外贸企业仅占 25%，这无疑对 2 月和 3 月的出口合同履约造成影响，并将带来众多的贸易纠纷。

二是对参与全球价值链供货的影响。在我国目前的出口规模中，仍有较高比例的进料加工和委托加工的关键零部件和中间产品，特别是在汽车产业和信息技术产品方面比例更高。有媒体报道，由于受中国疫情影响，全球汽车主要生产厂家受到中国零部件供应不足的影响，已被迫下调汽车产量。如果此局面不能很快恢复，估计部分跨国公司将不得不考虑调整其产业链布局，这将对我国长期参与全球产业链分工和竞争产生重大影响。

三是短期内对我国组织进口产生不利影响。进口规模变化取决于国内的需求变化。受疫情影响，国内大部分生产安排有所迟滞，对进口原材料和关键零部件的需求将受到严重影响，特别是在生产全面恢复之前，进口需求订单将大幅缩减，我国 2、3 月份的进口将出现明显的负增长。

四是对出口的影响将明显大于对进口的影响。因为在出

口方面还将发生由于外部环境变化带来的一系列负面影响。尽管国际上一些国家对中国的限制仅局限在交通运输和人员出入境方面，但不排除部分国家将对中国的出口产品采取公开或隐蔽的限制措施，至少会加强对中国产品的通关检验措施，导致贸易的畅通受到一定的影响。而从进口方面看，这一影响并不明显，当然这一切同出口商品的种类和疫情好转的时间节点是密切相关的。

二、关于对引进外资的影响分析

疫情对我国扩大利用外资会产生阶段性影响，但我国正在推动的高水平开放的积极影响和吸引外资长期向好的趋势不会发生变化。短期的影响将集中在以下方面：

一是外资生产企业所受影响基本同国内生产企业一致，关键取决于疫情好转的时间节点。我们在针对国内企业采取扶困政策的同时，应考虑同类外资企业的政策并应遵照国民待遇原则，保持内外资企业相同的政策。

二是对服务业扩大利用外资将产生滞后影响。2019 年我国利用外资形势的稳定，得益于我国宣布的一系列放宽市场准入限制的开放举措。随着中美第一阶段贸易协议的签署，我国在服务业开放领域又增加了部分新领域。由于受疫情影响，本打算 2020 年增加对华投资的部分国外金融领域的跨国公司将被迫推迟投资计划，所以第一季度我国在服务领域利用外资不可避免要出现大幅下降。

三是不排除有个别外资企业停业或收缩投资规模的可能。

这次疫情的影响更多集中在商贸物流企业和服务行业，特别是在服务领域，如宾馆饭店、旅游餐饮和相关的商贸物流等企业，由于客流中断，经营效益将受到严重影响，有些企业不得不调整其经营策略。

从以上分析可以得出如下结论：

（1）影响程度的大小取决于疫情变化的转折点的早晚。

（2）服务行业受到的影响大于制造业。

（3）对出口的影响将大于对进口的影响。

三、具体对策建议

（1）采取区别政策，根据不同省市的防疫情况，在有条件的地区尽早做好恢复生产的调度和安排，要特别关注外贸企业和外资企业的困难，帮助它们排忧解难，全面促进生产活动的正常进行，以避免由于疫情时间过长，可能导致的某些物资供应的短缺现象。

（2）支持外贸企业妥善解决合同执行问题。需要外贸企业加强同客户的沟通和协商，避免产生中断合同或违约赔偿的可能，同时政府也应根据外贸企业的具体困难，提供必要的政策支持，要特别注意重点领域和关键零部件出口企业的困难，支持它们复工生产，确保我国在国际价值链中的供货能力。

（3）关注外资企业的复工生产情况，关心它们的困难，为其排忧解难，确保它们在华投资的稳定发展。此外要继续保持招商引资的力度，对于原定的有意向的投资项目，要加强沟通联络，向它们主动通报我国疫情防控的积极进展，确保疫情结束后，跨国企业可以尽快恢复正常的投资项目。

（4）高度重视中美协议的执行情况。应积极努力完成我们承诺的扩大进口的规模，个别无法完成的进度应及早向对方通报情况。如属于对方原因，应以理据争，尽量避免双方因失信导致新的矛盾和纠纷，避免为我国外向型经济发展增添新的困难和矛盾。

应对海外危机冲击的建议

刘 英

中国人民大学重阳金融研究院研究员，财政部首批 PPP 专家。研究领域：宏观经济，产业经济，国际金融。在《人民日报》《经济日报》《光明日报》《金融时报》等报刊理论版发表文章 300 多篇。出版《金砖国家：新全球化的发动机》（中、英、俄、葡文版）、《"一带一路"国际贸易支点城市研究》（中、英文版）等著作。

新冠肺炎疫情全球肆虐，美股暴跌令经济危机如灰犀牛般冲来。全球化面临短期冲击，世界经济政治格局必将重新洗牌。习近平总书记指出，新冠肺炎疫情对我们是一场危机，也是一场大考。作为世界经济增长的稳定器和发动机，中国要把握好难得的历史机遇，抓住百年未有之大变局，转危为机，科学规划，统筹安排，精准施策，实现中华民族的伟大崛起。

一、疫情可能引发百年不遇的金融危机和经济危机

新冠肺炎疫情导致几十个国家进入紧急状态，封城封国成为常态，人流物流阻隔对消费造成毁灭性打击，成为压倒骆驼的最后一根稻草，引发羸弱的美欧股市出现暴跌，流动性枯竭。如果疫情长时间不能得到有效控制，危机将会沿着流动性危机、债务危机、经济危机的逻辑链来发展。

首先是流动性危机。作为经济的晴雨表，截至3月底美欧股市已暴跌约40%，美股10日内四度熔断，一日内12国股市熔断，全球股市走出堪比大萧条的大跌行情。疫情爆发以来，全球股市已遭受24万亿美元的财富损失，超过美国全年GDP。美股、油价自由落体的同时，黄金先涨后跌，显示市场流动性枯竭。

其次是债务危机。美联储祭出紧急降息、无限量宽、大额回购外加货币互换要保持美元流动性，通过CFPP（商业票据融资便利机制）等融资工具绕开银行直接给企业输血，仍无法制止股市暴跌，这将引发债务危机快速爆发。美股十年来依靠美联储非常规货币政策和量化宽松的大量印钱，以及上市公司借债回购股票来支撑股价上涨，股市暴跌将导致高杠杆公司的债务风险暴露。而油价暴跌到每桶20多美元，也引发页岩气债务暴露。2008年金融危机以来由于缺乏颠覆性创新，美国新增2万亿美元BBB级债券，伴随股市暴跌评级下调，资产价格将被重新估价，更多垃圾债券爆仓将会引爆债务危机。

最后导致经济危机。股债暴跌会挤压恶化金融机构的资产负债表，企业破产也会随之增加，而美国民众的养老钱也大都投资在股市，日常用信用卡超前借钱来消费，股市暴跌带来大量居民财富挤出效应，这将导致消费锐减，而更多企业破产倒闭又让失业率高企。国际劳工组织报告认为，2020年全世界工人或损失 3.4 万亿美元收入。高盛和摩根预计美国第二季度失业率将达 30%，GDP 增速将减半，这恐怕在美国史无前例，恶性循环将导致经济危机。联合国秘书长古特雷斯表示，现在面临的是联合国 75 年历史中前所未有的危机。它造成了人类的苦难，影响了全球经济，摧毁着人们的生活。全球经济衰退基本是肯定的，甚至会达到破纪录的程度。

虽然美联储、欧洲央行及各国央行纷纷打破常规放水救市，为防止经济危机无所不用，但作为最后贷款人的央行并不能制止金融危机或经济危机。全球经济所面临的危机也会给我国经济带来负面影响。

三、对新冠疫情和百年不遇经济危机的应对建议

针对百年不遇的经济危机，我国要内控疫情，外防输入。对内，保持战略定力，稳妥有步骤地推进恢复生产，抓好经济发展、民生稳定；要放大招来深化改革扩大开放，科学稳妥地推进经济高质量发展。对外，加强国际合作主动作为，开展对外合作交往，发展中国伙伴网络，加强双多边合作，推进经济全球化。抓住历史机遇，重塑世界新格局新秩序，

实现中华民族伟大复兴，构建人类命运共同体。

（1）抓牛鼻子稳经济和金融，加大逆周期调节力度。面对百年不遇的金融危机和经济危机，既要科学创新，又要深入调研，稳妥推出更多更大的创新政策与工具。积极的财政政策更加积极有效，减税降费，提高财政赤字率，扩大地方专项债和国债，稳妥推进PPP，激发民间投资活力。加大财政转移支付，保工资民生。稳健的货币政策更加灵活适度，善用货币政策和工具，完善LPR改革，降低实际利率水平，给予复工复产的中小微企业贷款展期，帮企业渡过难关。适时降准降息，普降甘霖，推动经济增长。控通胀稳汇率，推动人民币国际化。

（2）有针对性地分门别类促进产业振兴与发展。首先，顺水推舟促进在疫情期间逆势增长的IT信息产业、现代物流和批发零售业。加大鼓励数字经济发展。其次，受疫情影响最重的交通运输、住宿餐饮、农林牧副渔，则要分类施策促进产业振兴。加强数字农业发展，推进乡村振兴和全面减贫，抓生产确保粮食稳产。再次，以新《土地管理法》为契机，稳妥释放集体土地使用权，发展特色小镇，以住房不炒为前提，释放改善型住房需求，"一城一策"稳妥推进房地产业健康发展。最后，金融业要让利给实体，同甘苦共患难，适度提高贷款不良率容忍度。

（3）从需求侧激发消费、投资、出口活力拉动经济。首先，消费在我国GDP中占近60%，消费火则经济火。要切实扩大有效需求，通过发放消费券作为杠杆来促消费。对汽车和房产拉动上下游多产业的特殊商品要放大招，如在城镇化率不高、人口净流入地区或城市群中取消房产限购政策。2020 年 2 月份汽车销售下滑 80%，应全面放松汽车限购，以北京为例，应允许排队摇号累计 5 年以上的无车家庭购买一辆车，或新能源车排队两年以上的无车家庭购买一辆新能源车。其次，加大力度推动制造业、基建特别是新基建投资，特别加大具有乘数效应的基建投资。最后，要通过全球布局，稳住外贸外资基本盘。

（4）以供给侧为主线，狠抓数字经济、科技创新和高端产业发展。坚持以供给侧结构性改革为工作主线，增加有效供给，提高供给质量效率，加强医疗产业供给侧结构性改革；对与美国贸易摩擦激烈的高技术、核心产业要加大技术投入和高端产业投资；大力促进数字经济发展，应趁疫情期养成网上办公、教育、购物等习惯，推动企业数字化转型升级。加大促进数字经济发展的供给侧结构性改革政策支持力度。

（5）深化改革，扩大开放，防控疫情、金融、经济风险。在美元崩塌之下，要在防控风险前提下，加强资本市场改革和开放，发展人民币债券，增加外资持有人民币，推动人民币国际化。要加强联防联控，对内要扎牢债务风险、金融风险的敞口，做好压力测试。要科学稳妥地推进刺激政策，尤其要汲取实施 4 万亿元刺激政策时的教训，避免大水漫灌、一哄而上，留下后遗症。经济复苏要分区域、分层级、分产业、分重点，统筹稳妥地推进；疫情防控必须落实到每个单位，筑牢防火墙和金融安全网。

（6）加强互联互通，高质量共建"一带一路"。境外疫情发展导致全球几十个国家进入了战时紧急状态，隔离封城封国引发经济停摆、货物断供。有些国家与我国签署了共建"一带一路"合作文件。中国企业应主动走出去加强国际合作，高质量共建"一带一路"。通过点对点加强成百上千的境外经贸合作区、产业园区、工业园区与国内互联互通，园区内生产，在无疫情的中国及海外仓向全球发货。全球布局企业在欧美股市暴跌中，要瞅准时机该出手时就出手，针对技术性、战略性、全球性公司进行投资并购。巩固提升我国在全球产业链、供应链和价值链中的地位。

（7）危中有机，积极应对世界格局转变。新冠肺炎疫情对全球化带来短期冲击，冲击世界经济社会秩序，这将加速美欧的衰落及其在全球战略的收缩。适逢大选年，面对五花八门对我国"甩锅"，既要保持战略定力，又要主动有所作为。沧海横流，方显英雄本色，要防止美国为遏制我国崛起而借机生事，充分利用 G20、金砖国家峰会、上合组织等加强国际合作，积极参与 WTO 改革。面对百年未有之大变局，苦练内功做好自己，加强国际合作，重塑世界新秩序，完善全球治理，抓住机遇转危为机，实现中华民族的伟大复兴，构建人类命运共同体。

防范新冠肺炎疫情引发
全球食物安全危机 ①

樊胜根　　中国农业大学经济管理学院教授，联合国增强营养运动 (SUN) 领导组成员，EAT-Lancet 可持续食物体系下的健康饮食委员会委员，世界经济论坛全球未来食物安全和农业委员会委员，中国农业部专家组成员。曾任世界经济论坛食品安全全球议程理事会主席，世界银行顾问，联合国粮农组织顾问，亚洲开发银行顾问，美国农经学会中国委员会委员。研究领域：中国农业科研体系，农业生产率测度，公共投资优先序及其对减贫的作用，新型农业食物系统，中国经济转型等。

　　新冠肺炎疫情正在呈现新趋势。虽然中国的形势已有显著改善，但越来越多的国家，特别是韩国、日本、意大利和伊朗，都出现了更多的新增病例。2 月 28 日，尼日利亚出现了首例确诊病例，就在同一天，世界卫生组织将疫情全球风险级别上调至"非常高"。这一点令人担忧，因为非洲大陆正

---

① 合著者：司伟。

在与另一威胁——沙漠蝗虫作斗争，这可能会危及该地区数百万人的食物安全。

一、全球食物安全已经面临挑战

新冠肺炎疫情是一场健康危机，但是如果不采取适当措施，可能导致食物安全危机。全球食物和营养安全已经面临挑战。据联合国粮食及农业组织（简称粮农组织）的数据，全球已有超过 8.2 亿人遭受饥饿之苦，其中中国受饥的人数被粮农组织严重高估了。

由于缺乏适当的营养，世界各国有近 1.5 亿儿童发育迟缓。过去三年来，由于冲突和难民危机、气候变化和不平等加剧，许多国家饥饿和营养不良人数不断增加，而这一状况在中东和撒哈拉以南地区尤为严重。

艾滋病毒、埃博拉病毒和中东呼吸综合征等传染病都对食物和营养安全造成了负面影响，特别是对弱势人群：儿童、妇女、老年人和穷人。例如，当埃博拉疫情在 2014 年袭击几内亚、利比里亚和塞拉利昂时，这些国家的大米价格上涨了 30% 以上，木薯（利比里亚的主食）价格猛涨了 150%。

然而在中国，尽管 2003 年爆发了严重的非典，使冬小麦的收割推迟了两周，并引发了广东省和浙江省食物市场的恐慌，但并未对其余地区的食物生产和价格产生大规模影响。

二、从以往应对疫情的经验中学习

非典和中东呼吸综合征疫情对中国的经济、食物和营养安全的影响相对较小，这主要归功于中国应对突发事件的韧性和能力。新加坡、越南和加拿大等国也显示出这种应急能力，因为它们拥有足够的食物储备，并且拥有连接国内和国际市场充满活力的价值链。

但是埃博拉病毒对一些非洲国家的农业生产、销售和贸易造成了巨大影响。在生产方面，由于道路阻塞，农民获得种子、肥料和杀虫剂等投入品困难重重，许多地区都面临严重的劳动力短缺。以上因素综合导致超过40%的农业用地未被耕种。至于营销方面，农民无法将新鲜农产品运输到当地和城市的市场。此外，由于无法向学校提供食物援助，学校的日餐项目被中断。由于货船船员因害怕被感染而拒绝前往这些国家，国际运输服务被延误或取消，进而导致贸易中断。

三、如果各国食物市场再次陷入恐慌，食物价格将飙升

同样，2008年的食物价格危机也为我们上了宝贵的一课。这场危机是由澳大利亚和阿根廷的干旱、石油价格上涨、用于生物燃料生产的粮食使用量增加以及贸易政策失灵造成的。这促使许多国家采取各种出口政策来限制食物产品的出口。

例如，原本不存在大米供应短缺问题，许多国家由于恐慌对大米出口征收更高的税，或者禁止大米出口。全球市场大米价格在六个月内翻了一番，导致大米贸易严重中断，从而导致食物价格危机。如果本次新冠肺炎疫情下各国也陷入食物恐慌，对食物贸易和市场的冲击规模会更大。

四、立即采取行动，预防食物安全危机

在新冠肺炎疫情下，为了确保所有人的食物安全，我们需要在全球和国家层面采取紧急行动。

首先，需要密切监测食物价格和市场。信息透明化将加强政府对食物市场的管理，防止恐慌，并指导农民做出合理的生产决策。为了遏制投机行为，政府应加强市场监管。

其次，有必要确保国际和国内的农业与食物供应链正常运行。例如，中国通过为新鲜农产品开辟"绿色通道"和严禁设置未经授权的路障，为当前疫情期间如何确保食物安全树立了一个好的范例。

五、保持销售增长的创新方法

电子商务和送货公司也可以发挥重要的物流作用。例如，由于隔离措施增加了人们对送货到家的需求，电子商务公司推出了一种非接触式送货服务，快递员可以在方便的地点留下包裹以便顾客取货，从而避免了人与人之间的互动。

首先，需要社会保障措施来保护受影响最严重和最脆弱的人群，尤其是儿童、孕妇和老人。这些措施可以采用现金或实物转账的形式（因时制宜、因地制宜、因势利导很重要），同时由卫健部门进行干预。因为营养水平和死亡率有着错综复杂的联系，投资于弱势群体的健康和营养措施可以降低诸如新冠肺炎等疾病的死亡率。在传染病流行期后，社会保障对于推动重建也至关重要。

其次，需要更多的投资来建立更具韧性的食物体系。这

种投资必须来自各国政府以及国际社会，因为提高发展中国家预防或遏制食物安全危机的能力是一项集体努力。在当今高度互联的世界中，非典、埃博拉、禽流感和新冠肺炎等传染性疾病很容易越境传播。

六、注重人畜共患病的防护

我们需要建立预防和控制人畜共患病的保障措施。国际社会需要采取更多措施，包括规范肉类、海鲜和野生动植物市场，以防止今后爆发如埃博拉、非典和禽流感这样的人畜共患疾病。许多人畜共患病源于野生生物：艾滋病、埃博拉病毒、中东呼吸综合征、非典以及新冠肺炎，都源于野生生物并传染给人类。

七、保持全球贸易开放至关重要

此外，确保全球贸易的顺利进行也是重要的，同时也应充分利用国际市场作为确保食物供应的重要手段。世界贸易组织、粮农组织、世界银行和国际货币基金组织等国际机构必须要求各国不要以新冠肺炎疫情作为发布贸易保护主义政策的借口。

积极稳健应对疫情冲击，
坚定改善外资营商环境

张晓涛

中央财经大学国际经济与贸易学院院长，教授、博士生导师，中央财经大学国际投资研究中心主任。兼任国家社科基金项目评审专家，中国贸促会专家委员会委员，教育部普通高等学校本科专业认证专家。

　　新冠肺炎疫情突如其来，已经对我国经济、社会各个方面产生了一定影响。其中，最不容忽视的是疫情对营商环境的影响。近年来，我国营商环境建设取得显著成就，世界银行发布的《2020年营商环境报告》显示，2019年中国营商环境全球排名从2018年的第46位跃升至第31位。由于近年来国内整体营商环境大幅改善，中国的外商投资吸引力持续上升，由此也吸引了更多外部高端资源加快向中国集聚，全面推动中国开放经济不断取得新成就。尽管如此，我国与世界主要经济发达国家以及部分新兴经济体相比，国内营商环境尚有较大的改进空间。此次疫情，无疑会对我国营商环境造成一定的影响，尤其要关注对外资的可能影响。外资关于疫情对中国经济的影响已经有了一定的预估，近期部分外资机构也表明对中国市场中长期走势仍较为乐观。外资以价值投资为主，更看重长期趋势，因此外资并不会因短期的疫情冲击而大幅撤出中国市场。

2019 年 3 月 15 日，第十三届全国人民代表大会第二次会议审议通过《中华人民共和国外商投资法》，自 2020 年 1 月 1 日起施行。《外商投资法》坚持以习近平新时代中国特色社会主义思想为指导，是对我国外商投资法律制度的重要完善和创新，是外商投资领域一部新的基础性法律，必将对我国构建开放型经济新体制、推动新一轮高水平对外开放产生深远影响。当前需要全面落实关于新冠肺炎的防控措施，同时也要按照既定的扩大开放目标，进一步优化外资营商环境，彰显我国坚持对外开放基本国策、将改革开放进行到底的政治勇气和历史担当。

一、全面推动政府职能转变，打通外资营商环境建设的难点和堵点

优化外资营商环境需要以高定位、高标准推动政府职能转变，坚定不移地落实简政放权，不断打通各种难点和堵点。

一是明确政府与市场的边界，既要充分发挥市场对资源的配置作用，又要整治政府职能转变过程中的"乱作为""不

作为"和"假作为"。

二是严格落实权责清单制，明确划分各级政府的权责范围，在权力下放各环节加强过程监督和事后评价，真正实现权力下放。

三是加强公职人员思想建设、作风建设和履职考核，完善行政问责机制，提升行政人员服务外资企业的效率和质量。

四是综合运用大数据技术、人工智能技术和"互联网＋"技术，全面打造智慧型政务服务体系。

五是推动协同监管与社会共治，着力构建以政府为主导，行业协会、媒体以及社会公众多方参与的外资企业信用约束和激励机制。

二、以金融供给侧改革为抓手，促进金融市场功能不断完善

深入推进金融供给侧改革，切实解决企业融资难、融资贵等问题。

一是以投融资体制改革为抓手，有序放开外资银行以及外资担保机构的市场准入，增加外资企业的融资渠道。

二是加快多层次资本市场发展和债券市场创新，围绕产业链，鼓励探索面向外资企业的股权融资、债权融资、银行信贷和财政支持相结合的综合融资服务。

三是鼓励国资金融机构在解决外资企业融资需求方面对银行信贷、融资担保、企业发债、金融租赁、股权交易等融资业务开展全流程创新。

四是提高社会信用体系建设覆盖面，建立健全社会联合奖惩机制和信用信息共享机制，推动开发面向外资企业的信用评价数据产品。

五是建立健全全口径跨境融资监管，推动自贸区开展新型外债管理模式探索和经验推广，着力简化企业跨境融资项下的资本结售汇审批程序。

三、深化要素市场供给侧改革，提高外资企业在要素分配和成果共享中的公平性

针对我国创新要素供给不足、关键要素支撑不强以及创新成果分配不均等问题提出以下建议：

一是加大全社会高等教育投入，增强高端人才的供给能力。

二是加强户籍制度改革，进一步放开外资企业获取人才户籍指标的限制，提高外资企业在人才竞争中的吸引力。

三是加大对产学研协同创新的引导，鼓励外资企业参与建设国际开放实验室、世界产业创新联盟、全球创新网络等，通过技术合作推动形成新一轮科技引资热潮。

四是建立健全科技联合创新制度，对外资企业在联合科技创新活动中的权力与责任予以明确，着力消除科技成果分配和科技成果转化过程中的所有制歧视。

四、推动机制体制改革和加强立法，提高外资营商环境中的竞争公平性和政策确定性

一是全面推进经济体制改革，着力加强要素市场、产权市场、流通市场等领域的管理体制改革和创新，消除资源配

置中的制度性限制和歧视性做法。

二是以混合所有制改革为重心，综合运用合资、合作、并购、参股、入股等方式引进外资参与国企改革和垄断行业改革。

三是应用更为市场化的资源配置方式，在政府招标、政府采购、政府补贴等环节进一步增加外资企业参与竞争的机会。

四是提高外资营商环境的法治水平，尤其是通过立法的形式对现有关于外资企业的相关法规和规章作进一步明确，切实提高外资营商环境中的政策确定性。

五、优化税务营商环境，切实降低外资企业经营成本

一是进一步优化税收结构，逐步降低企业增值税税率。随着外资企业国民待遇的实施，我国已取消针对外资企业的税率优惠，因此，通过整体性降低增值税税率水平，不仅有利于减轻双重征税对生产环节的扭曲程度，也有利于降低内外资企业的生产经营成本。

二是构建集政策宣传、缴税申报、退税申请、维权申诉等功能于一体的外资企业税务服务平台，丰富税收政策的宣传形式和传递渠道。

三是建立健全外资企业税务救济服务体系，扩大税务行政复议的受理范围，提高外资企业参与涉税听证的比例。

四是加强外资企业纳税监控，加强对外资集聚行业和集聚区域的税务调研，对于税负上升的外资企业，税务部门应

及时主动开展"一对一"实地辅导。

六、突出抓好知识产权执法能力建设和政策宣传，增强知识产权保护制度对于外资企业的保护效果

一是加强知识产权执法队伍的执法能力建设和服务意识培养，主动深入外资企业开展现场调查或现场审理，对于中小外资企业提供必要的专家咨询服务。

二是加强知识产权保护研究，尤其是要加强对"互联网＋"、电子商务、大数据等新业态和新领域中的外资企业知识产权保护规则。

三是深化知识产权保护的国家合作和国际交流，借鉴国际先进经验完善我国外资企业知识产权保护机制。

四是政府牵头建设面向外资企业产权保护的专业性公共服务平台，集中加强对于知识产权登记、交易、维权和救济等政策指引的宣传，提高外资企业获取知识产权政策的便利性。

图书在版编目（CIP）数据

直面冲击：中国经济学家建言 / 刘伟主编 . -- 北京：中国人民大学出版社，2020. 5
ISBN 978-7-300-28106-3

Ⅰ . ①直… Ⅱ . ①刘… Ⅲ . ①中国经济 - 研究 Ⅳ . ① F12

中国版本图书馆 CIP 数据核字（2020）第 073402 号

直面冲击：中国经济学家建言
主编 刘 伟
Zhimian Chongji: Zhongguo Jingjixuejia Jianyan

出版发行		中国人民大学出版社			
社	址	北京中关村大街 31 号		邮政编码	100080
电	话	010 - 62511242（总编室）		010 - 62511770（质管部）	
		010 - 82501766（邮购部）		010 - 62514148（门市部）	
		010 - 62515195（发行公司）		010 - 62515275（盗版举报）	
网	址	http://www.crup.com.cn			
经	销	新华书店			
印	刷	涿州市星河印刷有限公司			
开	本	890 mm × 1240 mm 1/32	版	次	2020 年 5 月第 1 版
印	张	10.75	印	次	2024 年 6 月第 2 次印刷
字	数	199 000	定	价	98.00 元